GRACE TAYLOR

LONDON erleben

DER GROSSE
London Reiseführer
MIT
55
UNVERGESSLICHEN
Erlebnissen

INHALT

Einleitung 6
Insidertipps 8
Für Sparfüchse 10
Typisch London 12
Programm bei Regen 14
Relax-Vorschläge 16
Trendthemen 18
Fakten & Menschen 20
Geschichte 22
Essen & Trinken 24
Einkaufen 26

London Mitte

#1 Entdecke die majestätische Welt des Buckingham Palace 30
#2 Königliche Zeremonien in der Westminster Abbey 32
#3 Die geheime Kommandozentrale in den Churchill War Rooms 36
#4 Atemberaubende Blicke durch den Glasboden der Tower Bridge 40
#5 Versteckte Geheimnisse in der St. Paul's Cathedral entdecken 44
#6 Eine Bootsfahrt mit englischem Tee auf der Themse genießen 48
#7 Der Palace of Westminster 50
#8 Ruhe und Spiritualität in St. Dunst-an-in-the-East 54
#9 London Eye - Im größten Riesenrad Europas schweben 59
#10 Unterirdisches Gruselkabinett im London Dungeon 62
#11 Atemberaubender Blick über London vom The Shard 64
#12 Kunst im Tate Modern 68
#13 Ein Cricket-Match der Extraklasse im Kia Oval Stadion 70
#14 An Bord der HMS Belfast maritime Geheimnisse erkunden 73
#15 Königlicher St. James's Park 76
#16 Die britischen Kronjuwelen im Tower of London entdecken 78
#17 Mumien und Königsgräber - Eine Reise durch das British Museum 82
#18 Römische Weinbars und britische Pubs - Londons Trinkkultur 86
#19 Bizarre Exponate in der Wellcome Collection entdecken 88
#20 Die Kult-Doppeldecker - Auf den Spuren der roten Busse 90
#21 Straßenkunst in East London 92
#22 London Wall - Der unbekannte Schatz von Londinium 94
#23 Exquisite Küche im Sky Garden .. 98
#24 Besuch im Globe Theatre wo Shakespeare Geschichte schrieb 102
#25 Durch den Shark-Walk laufen im Londoner SEA LIFE Aquarium 106
#26 Blockbuster bis Kultklassiker im British Film Institute 108
#27 Piccadilly Circus - Wo Lichter, Liebe und Luxus aufeinandertreffen .. 110
#28 Zwischen Lampions und leckerem Essen - Erlebe Londons Chinatown 114
#29 Erkunde Londons schönste Ecken mit dem Fahrrad 118

London Osten

#30 Tottenham Hotspur-Stadion 122
#31 Die Upminster Windmill 124
#32 In die verrückte Welt von God's Own Junkyard eintauchen 126
#33 Das Old Royal Naval College 128
#34 Die längste Tunnelrutsche der Welt hinabrutschen und Stratford entdecken 132
#35 Einen der größten Schaubauernhöfe Europas entdecken 136
#36 Originelles Spielzeug für Kinder im Museum of Childhood 140
#37 Sterne, Planeten und den Weltraum erleben im Royal Observatory Greenwich 142
#38 Im Epping Forest wandern und Vögel beobachten 146

London Westen

#39 Das trendige Notting Hill und der Portobello-Straßenmarkt 150
#40 Der atemberaubende Blick auf London vom Helikopter aus 154
#41 Im Edelkaufhaus Harrods exklusive Designerstücke shoppen 156
#42 Indische Kultur Londons im Neasden-Tempel entdecken 158
#43 Dem exklusivsten Friedhof Englands einen Besuch abstatten 160
#44 Madame Tussauds 164
#45 Das London Wetland Centre 166
#46 Durch Little Venice spazieren 168
#47 Einem Vortrag an der Speakers' Corner im Hyde Park lauschen 172
#48 Kensington Palace 176
#49 Wembley-Stadion 178
#50 Der Londoner Zoo 180
#51 Design und Kunst im Victoria and Albert Museum bestaunen 184
#52 Die Schauplätze der Harry Potter Abenteuer kennenlernen 186
#53 Hampstead Heath Park 190
#54 Labyrinthe und königliche Gemächer im Hampton Court Palace 194
#55 Die Kew Gardens - Der älteste botanische Garten der Welt 198

Feedback 202
Impressum 203
Bildnachweis 204

Notfälle
Zentraler Notruf Tel. 999

Diplomatische Vertretungen
Deutsche Botschaft
23 Belgrave Square / Tel. 020 78 24 13 00 / U-Bahn: Piccadilly

Österreichische Botschaft
18 Belgrave Mews West / Tel. 020 73 44 32 50 / U-Bahn: Piccadilly

Schweizer Botschaft
16-18 Montagu Place / Tel. 020 76 16 60 00 / U-Bahn: Baker Street

Hinweis U-Bahn Karte von London

Rufen Sie die Karte der London Underground, London Overground, Docklands Light Railway und Elizabeth Line bequem und schnell digital ab oder drucken Sie die Karte aus. Es handelt sich hierbei um eine frei zugängliche und interaktive Karte von Wikipedia (die verschiedenen Bahnlinien lassen sich anklicken und dadurch visuell hervorheben).

Tipp bei der Ansicht am PC/Laptop/Desktop: *Wir geben oftmals die nächstgelegene U-Bahn-Station bei unseren 55 Erlebnissen mit an. Suchen Sie ganz einfach mit dem Tastatur-Befehl CMD+F (Mac) oder CRTL+F (Windows) nach einer bestimmten U-Bahn-Station auf der Karte, es wird Ihnen die Planung wesentlich erleichtern.*

Einfach QR-Code scannen und die U-Bahn-Karte online ansehen.

ÜBERSICHT

Unsere 55 Erlebnisse sind farblich nach Region (**London Mitte**, **London Osten** und **London Westen**) geordnet. Innerhalb der Regionen sind die Erlebnisse nach ihrer jeweiligen Dauer geordnet (2h, 4h und 8h).

London ist in verschiedene Regionen unterteilt, die oft als „Boroughs" oder Bezirke bezeichnet werden. Es gibt insgesamt 32 Bezirke (siehe Übersichtskarte oberhalb) in Greater London, die jeweils von einer örtlichen Verwaltung kontrolliert werden. Diese Bezirke umfassen große Teile der Stadt und bieten ein breites Spektrum an unterschiedlichen Umgebungen und Attraktionen.

Zu den bekanntesten Bezirken gehören Westminster, Camden, Kensington and Chelsea, Tower Hamlets und Greenwich. Jeder Bezirk hat seine eigene Identität und Kultur, sowie unterschiedliche historische, architektonische und kulturelle Sehenswürdigkeiten.

EINLEITUNG

London ist die größte Stadt Großbritanniens und gleichzeitig die Hauptstadt des Vereinigten Königreichs. Die Metropole an der Themse hat rund 9 Millionen Einwohner und ist damit außerdem eine der größten Städte Europas.

In London gibt es zu jeder Jahreszeit viel zu sehen und zu erleben. Wegen ihrer zahlreichen historischen Sehenswürdigkeiten, ihrer gepflegten Parkanlagen und ihrer vielfältigen Kunst- und Kulturszene hat sich London zu einem der beliebtesten Städtereiseziele der Welt entwickelt. In London kann man bei einem Wochenendtrip oder einer Kurzreise einen ebenso abwechslungsreichen Aufenthalt gestalten wie bei einer mehrwöchigen Reise. Großbritanniens Hauptstadt ist für Singleferien, ein Romantik-Wochenende zu zweit und einen Familienurlaub perfekt geeignet. Obwohl es in England häufig regnet und mitunter feucht-kalter Nebel über der Themse die Sichtweise beeinträchtigen kann, ist die Hauptstadt keine „Regenmetropole". Statistisch betrachtet regnet es in London an etwa 145 Tagen im Jahr. Die Hauptstadt Großbritanniens ist sehr kosmopolitisch. Ebenso wie die Touristen kommen auch die Einwohner aus fast allen Ländern und Kontinenten der Welt. Fernöstliches Flair findet man in Chinatown, während Brixton als Stadtviertel mit karibischem Background und Brent als echtes Multi-Kulti-Viertel mit indischen, brasilianischen und afrikanischen Einflüssen gilt. Im gesamten Stadtgebiet verkehren regelmäßig U-Bahnen und Busse. London besitzt sogar die älteste U-Bahn der Welt. Bereits 1863 fuhren die ersten Lokomotivzüge in der Innenstadt. Im Jahr 1890 nahmen elektrische Züge ihren Betrieb an der ersten U-Bahn-Strecke der Welt auf. Für individuelle Fahrten findet man beinahe überall ein Taxi. Die Black Cabs sind Bestandteil der Londoner Kultur. Die Ausbildung der Black Cab-Fahrer soll sogar 2 bis 4 Jahre dauern. Diese Zeit wird benötigt, um sich in der Metropolregion zurechtzufinden und sich alle Straßen und Viertel zu merken.

Die dynamische Handels- und Wirtschaftsstadt ist eine Metropole der Superlative. In London kann man seit Anfang der 2.000-er Jahre im größten Riesenrad Europas, dem London Eye, fahren und dabei einen traumhaften Panoramablick über die ganze Stadt und ihre Umgebung genießen. Sport besitzt in London einen hohen Stellenwert. Die britische Hauptstadt war immerhin schon drei Mal Austragungsort der Olympischen Sommerspiele und zwar in den Jahren 1908, 1948 sowie 2012. Beliebte Sportarten sind Fußball, Cricket und Reiten. Pferderennen wie die Royal Ascot-Rennwoche zählen zu den meistbesuchten Events des Jahres. Das Pferdewettrennen im 50 Kilometer von London entfernten Ascot steht unter der Schirmherrschaft des englischen Königshauses und ist jedes Jahr Mitte Juni das wichtigste gesellschaftliche Ereignis. Auch als Filmkulisse zahlreicher nationaler und internationaler Filmproduktionen hat sich London einen Namen gemacht. Im Borough Market wurden einige Szenen für den Film Harry Potter und der Gefangene von Askaban gedreht. Der berühmte Geheimagent James Bond erlebte viele seiner Abenteuer in den James-Bond-Filmen ebenfalls in London. Shopping ist ein häufiger Grund für eine London-Reise. Die britische Metropole ist ein wahres Einkaufsparadies. Einkaufsmöglichkeiten reichen von Flohmärkten und Wochenmärkten bis zu angesagten Designer-Läden, Nobel-Kaufhäusern wie Harrods und den riesigen Shoppingmalls. In einem Satz lässt sich London am besten als vielseitig, abwechslungsreich, unterhaltsam und spannend beschreiben. Die Stadt bietet für ruhesuchende Urlauber ebenso interessante Perspektiven wie für erlebnishungrige Abenteurer oder ausgehfreudige Partytouristen.

INSIDERTIPPS

Der exotische Kyoto-Garden im Holland Park

In London wird es nie langweilig. Das typische London entdeckt man, wenn man die touristischen Plätze verlässt und sich in den einzelnen Stadtvierteln umschaut.

London ist eine grüne Stadt. Im Stadtgebiet gibt es eine Vielzahl an Parks und gepflegten Grünanlagen. Ein Insidertipp ist die bezaubernde exotische Parkanlage Kyoto-Garden im Holland Park. Der „Park im Park" mit seinen japanischen Sträuchern, Wasserspielen und bunten Pflanzen wurde von einem bekannten japanischen Landschaftsarchitekten angelegt. Aufgrund ihrer Bedeutung sind viele Sehenswürdigkeiten stark frequentiert. Wenig bekannt ist, dass die meisten Museen in London keinen Eintritt erheben. Einzige Ausnahme sind Sonderausstellungen oder Veranstaltungen, für die eine Gebühr verlangt wird. Dadurch kann man nahezu kostenfrei allein, mit der Familie oder in der Gruppe mehr als 300 Londoner Museen anschauen. Es gibt in der britischen Hauptstadt Museen über Kunst, Naturkunde, Wissenschaft, Forschung, Design, Theater, Mode, Militär und viele andere Themen. Da das Interesse an bedeutenden Museen wie dem British Museum, dem Wachsfigurenkabinett Madame Tussauds und dem Victoria and Albert Museum enorm ist, raten

Insider, schon frühmorgens aufzubrechen oder die Museumsbesichtigung am späten Nachmittag zu planen. Erfahrungsgemäß ist der Besucherandrang dann nicht so groß. Britischer Humor gilt als trocken und direkt. Dabei sind die Londoner keinesfalls konservativ und spießig, sondern cool und lässig. Für Spaß und Lachanfälle sorgt der Top Secret Comedy Club, der als bester Stand-up Comedy-Club in London gilt. Jeden Abend treten dort bekannte Comedians und Newcomer auf und bringen mit ihren originellen oder schrägen Darbietungen das Publikum zum Lachen. Die Eintrittspreise hängen vom Tag und vom jeweiligen Programm ab. Für einen unterhaltsamen, lustigen Abend ist der Top Secret Comedy Club der richtige Ort. Das Londoner Nachtleben lässt keine Wünsche offen. Diskotheken, Clubs, Nachtlokale, Shows und Musicals ziehen vor allem an den Wochenenden zahlreiche Besucher an. London gilt als Musical-Hauptstadt. Das aktuelle Musicalprogramm findet man in der britischen Presse sowie auf den Webseiten der Veranstalter. Viele Spielorte befinden sich im West End Viertel. In den legendären Musicaltheatern wie dem Lyceum Theatre, Her Majesty's Theatre und dem Apollo Theatre sieht man „Evergreens" wie Mamma Mia oder Der König der Löwen sowie neue Produktionen.

Da London eine riesige Metropole ist, werden meist die öffentlichen Verkehrsmittel genutzt, um von einer Sehenswürdigkeit zur anderen zu gelangen. Das öffentliche Verkehrsnetz in der britischen Hauptstadt ist gut ausgebaut. Einzelfahrscheine bekommt man an jedem Fahrkartenautomaten. Die bessere Option ist eine Travelcard oder ein City Pass. Abhängig vom jeweiligen Ticket sind neben der Nutzung öffentlicher Verkehrsmittel weitere Serviceleistungen inbegriffen. Mit der Visitor Oyster Card können alle öffentlichen Verkehrsmittel in London im Zeitraum der Gültigkeit dieser Karte genutzt werden. Für einen Aufenthalt in London werden neben zeitbasierten Pässen auch attraktionsbasierte Pässe angeboten, die den Besuch einer bestimmten Anzahl von Attraktionen innerhalb der Gültigkeitsdauer ermöglichen. Dazu zählt beispielsweise der London Pass, der Zugang zu mehr als 80 Attraktionen bietet. Angeboten wird ein Tagespass sowie Mehrtagespässe.

FÜR SPARFÜCHSE

Großbritanniens Hauptstadt ist eine der teuersten Städte in Europa. Das Preisniveau bezieht sich nicht nur auf Hotels, sondern auch auf die Gastronomie, Eintrittspreise und Lebenshaltungskosten. Dennoch ist ein London-Aufenthalt auch mit bescheidenem Budget möglich.

Sparpotenzial gibt es bereits bei der Hin- und Rückreise. Günstig nach London gelangt man von Deutschland aus mit Fernbussen (verschiedene Anbieter), mit dem Zug (Eurostar), mit Billigairlines oder Linienfluggesellschaften. Welche Option die preiswerteste ist, hängt von Reisetermin und der Saison sowie vom Abreiseort in Deutschland ab. Es lohnt sich, online zu recherchieren und Preise sowie Konditionen zu vergleichen. Bei Zugverbindungen sind Rabatte für Jugendliche, Studenten und Familien möglich. Sitzplätze im Fernbus müssen so früh wie möglich reserviert werden, um von preiswerten Konditionen zu profitieren. Da es bei Billigfluggesellschaften üblich ist, jedes Gepäckstück zusätzlich zu berechnen, kann man Geld sparen, indem man nur Handgepäck mitnimmt und keinen Koffer eincheckt. Auch Liniengesellschaften bieten hin und wieder günstige Flugtickets an. Wer auf Komfort und Service Wert legt, sollte sich frühzeitig um eine

Flugverbindung kümmern. Die Flugstrecke von Deutschland nach London wird sehr häufig für Geschäftsreisen genutzt, sodass viele Flüge schon frühzeitig ausgebucht sind. Ähnlich verhält es sich mit den Übernachtungsmöglichkeiten. Hotels im 4 und 5-Sterne-Bereich sind stark nachgefragt und daher meist teuer, allerdings bieten sie auch komfortable Zimmer und einen exklusiven Service. Die günstigere Option sind Privatunterkünfte, die es in fast jedem Stadtviertel gibt. Wir empfehlen, das Zimmer schon vor der Reise zu reservieren. Vor allem in der Hochsaison im Sommer, in der Vorweihnachtszeit sowie bei wichtigen Events (Messen, Kongresse, Veranstaltungen) sind viele Londoner Hotels bereits Monate zuvor ausgebucht.

Essengehen in London kann in exklusiven Restaurants teuer werden. Für das Mittagsessen unterwegs kauft man am besten ein Sandwich oder einen Salat in einer der Bäckereien. Preiswertes und leckeres Street Food gibt es in London im Borough Market an der London Bridge, im Camden Food Market am Kanal in Camden Town sowie samstags am Broadway Market in Hackney. Wenn im Ferien-Appartement selbst gekocht werden soll, kann man sich in den Londoner Supermärkten und Lebensmittel-Discountern mit Nahrungsmitteln und Getränken versorgen. Bekannte Supermarktketten mit Filialen in jedem Stadtviertel sind Tesco (preiswert), Sainsbury's (vielseitiges Warenangebot) und Safeway. Ähnlich wie in Deutschland vergeben Supermärkte auch Kundenkarten, auf denen nach jedem Einkauf Punkte gutgeschrieben werden. Diese Option lohnt sich jedoch nur bei einem längeren London-Aufenthalt. Beim Shoppen sparen kann man in London beim „Sale". Londoner Schlussverkäufe finden zweimal jährlich statt. Der Weihnachts-Schlussverkauf beginnt unmittelbar nach den Weihnachtsfeiertagen. In der Regel dauert der Winter-Sale bis Mitte Januar. Manche Artikel sind bis zu 70 Prozent reduziert. Der Sommer-Sale beginnt Ende Juni und dauert meist 14 Tage. Der Sommerschlussverkauf ist eine gute und günstige Gelegenheit, tolle Bademoden, T-Shirts und Urlaubs-Outfits zum Schnäppchenpreis zu finden. Trendige Modelle und Vintage-Kleidung sowie Antiquitäten und stylische Deko-Objekte findet man auf dem Flohmarkt in der Portobello Road. Kunstgegenstände, Kleidungsstücke, Schmuck und Antiquitäten werden im Covent Garden Market angeboten.

TYPISCH LONDON

Typisch für London sind die gemütlichen Pubs, in denen man gemeinsam ein Pint leert, Fußball schaut und sich unterhält. Die britische Hauptstadt ist eine der wenigen Metropolen mit Linksverkehr. An das „Fahren auf der falschen Seite" gewöhnt man sich rasch, sodass man sich auch mit dem Mietauto auf Londons Straßen und Autobahnen zurechtfindet.

Zur britischen (und Londoner Kultur) gehört das Interesse an den Royals. Großbritannien ist zwar eine parlamentarische Demokratie, die königliche Familie ist allerdings überall präsent. In London gibt es 10 Königsschlösser. Das größte Schloss, der Buckingham Palace, ist die Residenz von König Charles III, wenn dieser in London weilt. Königliche Appartements im Kensington Palast werden von anderen Mitgliedern der königlichen Familie bewohnt. Londoner Bürger nehmen Anteil am Leben der Royals. Hochzeiten und andere Anlässe, an denen die Königsfamilie teilnimmt, sind öffentliche Events. Die königliche Residenz Schloss Windsor ist sogar das am längsten bewohnte Schloss Europas. Das Königsschloss befindet sich in der gleichnamigen Stadt und ist ein beliebtes Besucherziel in der Nähe Londons. In der Hauptstadt Großbritannien wird Englisch gesprochen. Dabei handelt es sich um britisches Englisch, das sich vom amerikanischen Englisch erheblich unterscheidet. Verglichen mit ausgeprägten englischen Dialekten wie dem Schottischen, dem Walisischen oder dem Geordie, dem markantesten Akzent Englands, ist das in London gesprochene Englisch leichter zu verstehen.

Höflichkeit gilt als typische britische Eigenschaft. Auch in London ist es üblich, bei Betreten eines Geschäftes freundlich zu grüßen. Worte wie Bitte (Please) oder Danke (Thank you) sind im Alltag selbstverständlich. An Bushaltestellen, vor Museen oder Behörden stehen die Londoner gern in einer Reihe an. Das Vordrängen in einer Waiting Line (Warteschlange) ist in der britischen Hauptstadt verpönt. Eine besondere Vorliebe hat man für gute Musik. London zählt zu den sieben wichtigsten Musikstädten der Welt. Die Metropole an der Themse hat Musikgrößen wie The Beatles, The Rolling Stones, Amy Winehouse, Adele, Dua Lipa, die Gruppe Queen, Ed Sheeran und die Spice Girls hervorgebracht. Kreativ, mit einem Hauch Lässigkeit ist auch die Londoner Mode. Die meisten britischen Modedesigner haben ihre Karriere in London begonnen und jedes Modelabel, das etwas auf sich hält, hat mindestens einen Shop in der Hauptstadt. London ist seit Jahrzehnten der Geburtsort von Modetrends, die später die ganze Welt begeistern. Der typische London-Style ist bequem und vom Zeitgeist beeinflusst. Ein stilvolles Outfit kann auch vom Flohmarkt stammen. Einen strengen Dresscode gibt es in London nur noch bei wenigen offiziellen Anlässen. Die Hauptstadt Großbritanniens ist eine Stadt der Wissenschaft, Kunst und Kultur. Etwa 90 Universitäten, Hochschulen und Fachhochschulen soll es in London geben. Jedes Jahr zieht es zahlreiche Studenten aus dem europäischen Ausland sowie aus nichteuropäischen Ländern zum Studieren in die britische Metropole. Als Reiseziel für eine Städtereise ist London das Aushängeschild Großbritanniens. In der Großstadt gibt es mehr Sehenswürdigkeiten, mehr Parks und mehr Grünanlagen als in den anderen Städten des Vereinigten Königreichs. Die Londoner begegnen Besuchern aus aller Welt mit der für sie typischen Weltoffenheit. London ist eine multikulturelle Metropole, in der es so viel zu sehen gibt, dass ein einziger Urlaub dafür nicht ausreicht.

Typische Telefonzelle in London

PROGRAMM BEI REGEN

London liegt in einer gemäßigten Klimazone. Das Wetter ist im Sommer warm, aber nicht zu heiß. In den kühlen Wintermonaten bleiben die Temperaturen meistens oberhalb des Gefrierpunktes.

Wenn es in London regnet, sind es oft nur kurze Schauer. Jedoch können die Regenfälle auch länger andauern. Ein verregneter Urlaubstag muss in einer dynamischen Metropole wie London nicht langweilig sein. Man kann einen Museumstag einplanen, zum Shoppen Kaufhäuser und Shoppingmalls besuchen, Königspaläste oder Galerien besichtigen. Für Bustouren durch die Hauptstadt oder Schiffsfahrten auf der Themse sollte besser ein Tag mit schönem Wetter gewählt werden. Im British Museum, einem der größten kulturgeschichtlichen Museen der Welt gibt es so viel zu sehen, dass man dort einen ganzen Tag verbringen kann. In den unterschiedlichen Abteilungen werden Objekte aus dem alten Ägypten sowie zur Geschichte Europas gezeigt. Im runden Lesesaal kann man es sich mit einem interessanten Buch aus der umfangreichen Bibliothek des Museums gemütlich machen. Ein weiteres Ziel bei schlechtem Wetter ist der Old Spitalfields Market. Die im viktorianischen Baustil errichtete Markthalle ist überdacht. Bei einem Rundgang kann man an den zahlreichen Verkaufsständen nach Kunsthandwerk, Schmuck, Accessoires, Kleidung, CDs und Schallplatten stöbern. In der Old Spitalfields Markthalle gibt es auch einige Restaurants sowie Food Stalls (Imbissstände) mit Street Food. Ein verregneter Tag in London ist die ideale Gelegenheit für eine Brauerei-Besichtigung. Die bekannteste Brauerei ist die Fuller's Griffin Brewery im Stadtteil Chiswick. In dieser sehr traditionellen Brauerei werden Bierklassiker wie Fullers London Pride sowie beliebte Biersorten wie Honey Dew, Imperial Stout, India Pale Ale und Golden Pride gebraut. Eine geführte Brauerei-Tour dauert circa 2 Stunden. Der Guide erklärt den gesamten Brauprozess. Man kann sehen, welche Biersorte mit welcher Braumethode hergestellt wird. Nach dem Rundgang können Biere und Apfelweine probiert werden. Für die Brauerei-Besichtigung wird ein Mindestalter von 18 Jahren vorausgesetzt.

In London gibt es zahlreiche renommierte Theater, in denen vormittags und abends Vorstellungen stattfinden. Wer einen verregneten Tag bei einer unterhaltsamen oder spannenden Theateraufführung verbringen will, erhält in den Ticketbüros der jeweiligen Theater meist noch Karten für die Matinee oder für die Abendvorstellung am selben Tag. Oft werden Theaterkarten kurzfristig zu Schnäppchenpreisen angeboten. Bemerkenswerte Theaterstücke bekommt man auch in vielen kleinen Theatern zu sehen. Die bei Einheimischen sehr populären Pub Theatres (Kneipentheater) sind häufig in einem Nebenraum eines Pubs untergebracht. Bei einer Kneipenvorstellung handelt es sich häufig um selbst gestaltete Stücke, die von Laiendarstellern interpretiert werden. Für Familien mit Kindern ist der Babylon Park in Camden Town eine tolle Idee gegen Langeweile. Der Themenpark beherbergt auf drei Etagen eine Mini-Achterbahn, ein Riesenrad, Autoscooter sowie eine Spielhalle. Es können auch Arcade-Spiele und Airhockey gespielt werden. Für eine Pause zwischendurch ist ein Café vorhanden. Außerdem gibt es im Indoor-Themenpark ein Restaurant, das süße Leckereien und Getränke serviert. Im Babylon Park wird kein Eintritt erhoben, sondern für Spielautomaten und Fahrgeschäfte jeweils individuell bezahlt. Geöffnet ist der Themenpark im Londoner Stadtviertel Camden täglich zwischen 11.00 und 22.00 Uhr.

RELAX-VORSCHLÄGE

London ist eine pulsierende Großstadt mit zahlreichen Möglichkeiten, einen aktiven Urlaub zu gestalten. Wer sich entspannen, Stress abbauen und relaxen möchte, findet in der britischen Hauptstadt eine Vielzahl an Optionen.

Im Park spazieren gehen, walken oder joggen hilft, nach einem Tag voller Besichtigungen zu relaxen. Die schönsten Londoner Parks für einen Spaziergang sind Hyde Park, Kensington Gardens, Greenwich Park, Holland Park, Kew Gardens und Regent's Park. In London gibt es zahlreiche Laufstrecken zum Joggen. Empfehlenswert ist die Laufrunde, die in Aldgate beginnt und über die Millennium Bridge und Tower Bridge wieder zurück zum Startpunkt in Aldgate Bahnhof führt. Die circa 12 Kilometer lange Strecke wird als mittelschwer eingestuft und erfordert eine gute Kondition. Unterwegs sind zahlreiche Londoner Sehenswürdigkeiten wie London Eye, Tower Bridge, Houses of Parliament und Big Ben zu sehen. Außerdem hat man während des Laufes tolle Panoramablicke über die Londoner Innenstadt. Eine weitere populäre Strecke, die auch für Anfänger geeignet ist, führt von Little Venice bis nach Limehouse. Diese Laufrunde führt durch die grüne, ruhiggelegene Seite der Stadt. Man läuft am Wasser entlang der Kanäle, wo Hausboote vor Anker liegen und romantische Gärten zu sehen sind.

Ein klassischer Relax-Vorschlag ist Wellness. In London gibt es eine Vielzahl von Spas und Wellness-Zentren. Das Relax-Angebot reicht vom Entspannen in der Sauna oder im Whirlpool über Entgiftungen und Schönheitsbehandlungen bis zum Rundum-Verwöhnprogramm. In London findet man Wellness für verschiedene Geschmäcker und Budgets. Erwähnenswert sind die AIRE Ancient Baths. Die Marke ist durch Baderituale alter Zivilisationen inspiriert. Das Spa ist in einem historischen Gebäude in der Nähe von Covent Garden untergebracht. Eine Bäder-Behandlung in diesem exklusiven Wellness-Tempel dauert circa 90 Minuten. Es werden auch Massagen, Himalaya-Salztherapien, Weinbäder und Wellness-Pakete angeboten. Eine weitere Wellness-Option ist Bokeh im Montcalm East. Diese Relax-Oase ist etwa drei Gehminuten vom Bahnhof in der Old Street entfernt. Das unterirdische Spa ist auch optisch ein Kunstwerk. Es befindet sich im gleichnamigen 5-Sterne-Hotel und bietet alle Annehmlichkeiten, vom 10-Meter-Pool bis zu Dampfbad und Sauna an. Beliebte Anwendungen sind Hot-Stone-Massagen, die ebenso auf dem Programm stehen wie Schlamm-Gesichtsbehandlungen. Außerdem gibt es CBD-Reflexzonenmassagen und andere ausgefallene Angebote. Im Anschluss an die Wellness-Anwendungen kann man im „Chill Room" entspannen. Neben exklusiven Spa-Zentren findet man in London in fast jedem Stadtbezirk auch Wellness-Einrichtungen, die diverse Massagen und Schönheitsbehandlungen anbieten. Sport gilt als wirksame Entspannungsmethode und hilft beim Stressabbau. Sportarten in London, die Entspannung fördern, sind Schwimmen und Golf. Viele Londoner Hotels verfügen über Swimmingpools. Oft ist die Nutzung eines Hotelpools für externe Besucher gegen eine Gebühr möglich. Darüber hinaus gibt es in London zahlreiche öffentliche Hallenbäder, Freibäder sowie Badestellen an der Themse. Golf spielen ist in den 9-Loch Plätzen des Central London Golf Centre, im Aquarius Golf Club und im Hampstead Golf Club möglich. In den beiden 18-Loch Plätzen Dulwich & Sydenham Hill Golf Club sowie Highgate Golf Club kann ebenfalls Golf gespielt werden.

TRENDTHEMEN

Trendthemen, über die man in London spricht, sind Mode, Kultur und Umweltschutz. Für die Modewelt ist London von zentraler Bedeutung. Die britische Hauptstadt gilt als Trendsetter in Sachen Mode. Hier werden neue Styles kreiert, die während der Fashion Weeks der Öffentlichkeit präsentiert werden. Regelmäßig finden Modemessen und andere Events zum Thema Mode statt.

Trendige Kleidung findet man in London in exklusiven Boutiquen in der Einkaufsstraße Oxford Street sowie in beliebten Kaufhäusern wie dem legendären Harrods, bei Selfridges und John Lewis. Neben exklusiven Marken gibt es günstige Mode-Optionen für Schnäppchenjäger, beispielsweise im riesigen Primark-Shop an der Tottenham Court Road. Nach Vintage-Outfits stöbern kann man auch auf den Flohmärkten wie dem Portobello Road Market und dem Petticoat Lane Markt. Originelle Second Hand-Kleidung wird sonntags auf dem Brick Lane Market im Stadtteil Shoreditch angeboten.

London ist eine bedeutende Kulturstadt. In der britischen Hauptstadt soll es mehr Büchereien, Museen, Konzerthallen, Theater und Nachtclubs geben als in anderen Metropolen. Daher ist London oft das Ziel von

Theaterreisen, Musicalreisen oder Studienreisen mit Museumsbesichtigungen. Bekannte Theater in London sind das Royal National Theatre, Apollo Theatre, Palace Theatre und London Palladium. Konzerte und andere Musik-Events finden in London regelmäßig statt. Die größten Konzerthallen sind die Royal Albert Hall, das Barbican, die Wigmore Hall und die Cadogan Hall. In der berühmtesten Konzerthalle Londons, der Royal Albert Hall, finden Live-Konzerte mit den bekanntesten Interpreten der Musikwelt statt. Insgesamt 5.000 Zuschauer können Opern- und Ballettaufführungen, Klassikkonzerte, Rock- und Pop-Events und Preisverleihungen live miterleben. Die Royal Albert Hall ist nicht nur eine Musikhalle, sondern ein Londoner Wahrzeichen. Als weltberühmtes Konzerthaus und Kunstzentrum besitzt die Royal Festival Hall für die Kultur Londons eine besondere Bedeutung. Die Royal Festival Hall ist Teil des Southbank Centre und zeichnet sich durch hervorragende Akustik aus. Regelmäßig zeigen hier international bekannte Künstler ihr musikalisches Können.

Umweltschutz ist auch in der britischen Hauptstadt ein Trendthema. Die größte Metropole Großbritanniens hat sich zum Ballungsraum mit mehr als 9 Millionen Einwohnern entwickelt. Um der Luftverschmutzung entgegenzuwirken, gelten strenge Umweltanforderungen. Außerdem will man mit umweltfreundlicheren Straßen und Gebäuden die Luftqualität verbessern. Neue Maßnahmen beinhalten eine Schadstoffabgabe für ältere und abgasintensive Fahrzeuge. Zwei vollelektrische Busstrecken hat man in London bereits im Jahr 2016 in Betrieb genommen. Mithilfe modernster Technologien soll die Hauptstadt Großbritanniens in den nächsten Jahren zur umweltfreundlichen Metropole werden. Die Stadtverwaltung plant, eine neue Generation von Bussen und Taxis, zu denen Hybridfahrzeuge zählen werden, zu fördern. Zur Nachhaltigkeitsförderung sind weitere Fahrradstrecken in der Innenstadt sowie in den verschiedenen Stadtteilen geplant. An einer Lösung zur Reduzierung von Abfällen wird noch gearbeitet. Zum Schutz bestehender Parks und Grünflächen werden weitere Maßnahmen entwickelt. Begrünte Dächer sind in London mittlerweile weit verbreitet. Die Begrünung von Dachflächen wird gezielt gefördert, um die biologische Vielfalt zu unterstützen und die grüne Infrastruktur der Hauptstadt zu verbessern. Geplant ist auch der Anbau von Obst und Gemüse in der Stadt. Vor allem in den Vororten sollen mehr Gärten angelegt werden, um den privaten Obst- und Gemüseanbau zu fördern.

FAKTEN & MENSCHEN

Über die britische Hauptstadt und ihre Menschen findet man zahlreiche Fakten. Einige Angaben sind bekannt, andere wiederum eröffnen völlig neue Perspektiven. Fakt ist, dass London die Hauptstadt Großbritanniens und gleichzeitig die größte Stadt des Vereinigten Königreichs ist. Bis vor 100 Jahren war London sogar die größte Stadt der Welt.

Die britische Metropole liegt an den Ufern der Themse im Südosten Englands. Über den Fluss Themse, einer wichtigen Schiffsroute, ist London mit der Nordsee verbunden. Die Hauptstadt ist ein Schmelztiegel verschiedener Kulturen. Viele dieser Menschen, die in London leben, sind Einwanderer aus anderen Commonwealth-Staaten, aus Ländern der Europäischen Union, aus Afrika, Amerika oder Asien. Jede Ethnie hat ihre Kultur mitgebracht, sodass man in London beispielsweise asiatische Supermärkte, indische, türkische oder argentinische Restaurants findet. Da London ein bedeutender Wirtschaftsstandort ist, ist die Hauptstadt ganzjährig das Ziel vieler Geschäftsreisen. Wirtschaftlicher Erfolg hat jedoch in den vergangenen Jahren zur Erhöhung der Immobilienpreise beigetragen. Besonders in der Innenstadt sind die Mietpreise mittlerweile so hoch, dass sich viele Normalverdiener am

Stadtrand oder in den Vororten niederlassen, wo die Mieten erschwinglicher sind. Die Londoner gelten als Fußballfans. In der britischen Hauptstadt gibt es 17 verschiedene Profi-Vereine. Mit insgesamt 13 Meistertiteln ist der FC Arsenal, der Fußballclub aus Nord-London, am erfolgreichsten. Weitere international bekannte Londoner Fußballvereine sind Tottenham Hotspur und FC Chelsea. Im größten Fußballstadion der Stadt, dem Wembley-Stadion, können 90.000 Zuschauer spannende Fußballspiele live erleben. Die heutige Hauptstadt London hat sich aus zwei Städten entwickelt. Die City of London ist das finanzielle und wirtschaftliche Zentrum Großbritanniens. Der Regierungssitz des Vereinigten Königreichs, die Parlamentsgebäude und der Buckingham Palace befinden sich in der City of Westminster.

Die Metropolregion Greater London besteht aus 32 Boroughs (Bezirke). Diese Bezirke sind mit den in Deutschland üblichen Stadtvierteln vergleichbar. Ein etwas skurriler Fakt ist die Tatsache, dass fünf Stationen der Londoner U-Bahn nach berühmten Pubs benannt wurden. Es handelt sich dabei um die U-Bahn-Stationen Angel, Elephant & Castle, Manor House, Royal Oak und Swiss Cottage. Die meisten Touristen, die nach London reisen, landen auf einem der fünf internationalen Londoner Flughäfen. Dies sind Heathrow Airport, Gatwick Airport, London City Airport, Stansted Airport und Luton Airport. Großbritanniens Hauptstadt wird von großen internationalen Fluglinien sowie von zahlreichen Billigairlines angeflogen. Alle Flughäfen, mit Ausnahme des London City-Airports, liegen außerhalb der Innenstadt. Mit den Airport-Expresszügen gelangt man relativ schnell ins Stadtzentrum. Der Flughafen von Heathrow ist sogar an das U-Bahn-Netz angebunden. Zu den Funfacts über London zählt, dass es unter der Hauptstadt mindestens 20 unterirdische Flüsse geben soll. Aufgrund des Zuzugs der Landbevölkerung mussten in den vergangenen Jahrhunderten sumpfige Zuläufe der Themse mit in die Stadtplanung einbezogen werden. Obwohl einige dieser Feuchtgebiete inzwischen trockengelegt wurden, sind in den Stadtteilen Brentford und Romford einige Wasserläufe, die aus der Tiefe an die Oberfläche zurückkehren, zu sehen. Die Menschen in London gelten als höflich und hilfsbereit. Die britische Höflichkeit gehört zum Lebensstil. Auch von Touristen wird höfliches Verhalten erwartet. Der Smalltalk ist ein weiteres typisches Merkmal in London. Man unterhält sich gerne über das Wetter, Sport und Freizeitthemen.

GESCHICHTE

Die Geschichte von London beginnt bereits vor mehr als 2.000 Jahren. Mystische Sagen und Legenden schreiben die Stadtgründung dem trojanischen Adligen Brutus zu. Dieser soll in Britannien angekommen, die Stadt Troia Nova gegründet und sein Königreich von dort aus 23 Jahre lang regiert haben.

Während des römischen Feldzuges von Julius Cäsar soll ein keltischer Stamm in der Nähe des heutigen Londons gelebt haben. Diese Kelten wurden im Zusammenhang mit ihrem Wohnort Troia Nova Trinovanten genannt. Ob sich diese Geschichte tatsächlich so abgespielt hat, lässt sich heute nicht mehr feststellen. Tatsächlich gründeten die römischen Eroberer eine Ansiedlung mit dem Namen Londinium. Die Stadtgründung wird auf das Jahr 43 n. Chr. datiert. In diesem Jahr gelang es dem römischen Kaiser Claudius, die keltische Festung Londinium zu erobern. Der Herrscher ließ daraufhin eine erste Siedlung erbauen. Der Aufstieg Londons zur bedeutenden Metropole fand jedoch schon im Jahr 60 n. Chr. ein jähes Ende. Die Siedlung wurde während der Boudicca-Aufstände von keltischen Stämmen niedergebrannt. Daraufhin bauten die Römer Londinium wieder auf. Die Machthaber aus Rom zogen sich erst 410 n. Chr. aus

Britannien zurück und überließen die Stadt den Angeln und Sachsen. Diese änderten den Namen von Londinium in Lundenwic. In den darauffolgenden Jahrhunderten kam es immer wieder zu Kämpfen zwischen den angelsächsischen Königen und den Dänen, die versuchten, die Stadt zu erobern. Nach dem endgültigen Sieg über die dänischen Truppen machte der britische König Æthelred II. (auch Aethelred, Edilred) die Stadt Lundenburgh zur Hauptstadt seines Reiches. Die Stadt vergrößerte sich durch den Zuzug von Menschen aus der Umgebung immer mehr. Im Mittelalter umfasste das damalige London neben der City weitere Bezirke wie Westminster, Southwark und South Bank. Der Londoner Hafen entwickelte sich im 14. Jahrhundert zu einem wichtigen europäischen Knotenpunkt.

Von der Expansion des Seehandels profitierte die gesamte Wirtschaft. Im 16. Jahrhundert wuchs die Einwohnerzahl von London auf 100.000 an. Nach und nach entwickelte sich die Metropole zum Zentrum des britischen Weltreiches. Jedoch wurden Entwicklung und Fortschritt durch die Pest-Epidemie, die im Jahr 1665 London erreichte, ausgebremst. Im darauffolgenden Jahr 1666 ereignete sich eine weitere Katastrophe, als mehr als zwei Drittel der Häuser durch ein Großfeuer vernichtet wurden. Dieses Ereignis wird in der Stadtgeschichte als The Great Fire of London beschrieben. Jedoch schafften es die Londoner, ihre Stadt wiederaufzubauen. Um 1790 wurde London erstmals zur Millionenstadt. Die industrielle Revolution im 19. Jahrhundert bescherte der Großstadt ein weiteres Anwachsen der Bevölkerung. Im Jahr 1824 wurde die Nationalgalerie als erste bedeutende kulturelle Einrichtung eröffnet. Mit dem Bau der Universität von London wurde 1860 begonnen. Die erste U-Bahn der Welt nahm 1863 ihren Betrieb auf. Um 1900 war London mit 6 Millionen Einwohner für kurze Zeit die größte Stadt der Welt. Der Zweite Weltkrieg, der ab 1940 Großbritannien erreichte, unterbrach die Entwicklung der britischen Hauptstadt. Bei Luftangriffen wurden große Teile der Stadt zerstört. Im 21. Jahrhundert ist London eine dynamische Großstadt, die zu den wichtigsten Wirtschafts- und Finanzplätzen zählt. Jährlich besuchen Millionen Touristen die Hauptstadt Großbritanniens, um sich die zahlreichen Sehenswürdigkeiten anzuschauen. London eignet sich optimal als Ausgangspunkt für Rundreisen durch England, Schottland und Wales.

ESSEN & TRINKEN

In London gibt es eine Vielzahl an Cafés, Restaurants und Bars. Typisch britische Spezialitäten findet man dort ebenso wie internationale Küche.

Die Londoner beginnen den Tag mit einem englischen Frühstück. Das Breakfast besteht aus Würstchen, Spiegelei, Speck, gebackenen Bohnen und Tomaten. Als Getränk erhält man dazu Kaffee und Orangensaft. Diese Frühstückstradition entstand während der industriellen Revolution, als sich die Arbeiter mit einem deftigen Frühstück für einen langen Arbeitstag stärkten. Mittlerweile sind auch Gebäckstücke wie Croissants oder Muffins mit einer Tasse Kaffee oder Hot Chocolate, einem heißen Kakao, als Frühstück beliebt. Eine typische englische Morgenmahlzeit kann auch aus Porridge oder Oatmeal, einem leckeren Getreidebrei, bestehen. Weltweit bekannt ist die Tradition des Five o'clock Tea, die auch in London zahlreiche Anhänger hat. Der Five o'clock Tea, die Teezeit um 17 Uhr, entstand im 19. Jahrhundert und soll auf die 7. Herzogin von Bedford zurückgehen. Der Nachmittagssnack ist eine beliebte Zwischenmahlzeit und geeignet, wenn das Abendessen erst spät eingenommen wird. Zu einem Five o'clock Tea gehören eine Tasse Schwarztee, der je nach

Vorliebe mit Milch und/oder Zucker getrunken wird sowie Gebäckstücke wie Scones und Shortbread. In vielen Hotels, Teestuben und Cafés in London kann man einen Five o'clock Tea genießen. Als klassisches Gericht der Londoner Küche gilt Fish and Chips. Diesen Klassiker findet man in London an vielen Imbissbuden zum Mitnehmen. Feine Restaurants servieren eine edlere Variante dieser beliebten Fischmahlzeit. Das Gericht soll mit jüdischen Einwanderern aus Spanien nach London gelangt sein. Im 19. Jahrhundert entstanden die ersten Fischrestaurants, die Fish and Chips in ihre Speisekarten aufnahmen.

Ein leckeres Gericht, das in London bevorzugt in den Wintermonaten gegessen wird, ist Shepherd's Pie. Die herzhafte Mahlzeit besteht aus einer Mischung von Lammhackfleisch und Gemüse. Die Zutaten werden in einer Backform schichtweise angeordnet. Beim Backen im Ofen bildet die oberste Schicht aus cremigem Kartoffelpüree eine goldene Kruste. Eine typische britische Spezialität, die sich auch in London großer Beliebtheit erfreut, ist der Yorkshire Pudding. Das Backwerk aus Mehl, Eiern und Milch wird mit Salz, Muskatnuss und Pfeffer gewürzt und als Beilage zu Fleisch- und Fischgerichten gereicht. Als Desserts kennt man in London Biscuitkuchen wie den Victoria Sponge, Plumpudding sowie Pies und Tartes mit süßen Füllungen. Beliebte Getränke sind schwarzer Tee und Kaffee. Wegen hoher Teesteuern war Schwarztee bis zum 18. Jahrhundert der Oberschicht vorbehalten. Heute gehört Tee in London sowie im ganzen Vereinigten Königreich zum Alltag. In Großbritannien werden vorwiegend stärkere, nicht aromatisierte Teesorten konsumiert. Bei der Teezubereitung entfernt man die Blätter nicht schon nach kurzer Zeit aus dem Wasser. Dadurch schmeckt der Tee relativ bitter. Der herbe Geschmack des Heißgetränks wird durch Zugabe von Milch und Zucker gemildert. Als Kaltgetränk genießt man in London gern den Apfelschaumwein Cider in verschiedenen Varianten von sparkling (sprudelnd), dry (herb) bis zu fruity (fruchtig) und sweet (süß). Im Pub werden lokale und internationale Biersorten serviert. Das Nationalgetränk wird zimmerwarm und ohne Schaum getrunken. Als Longdrink genießt man gern einen Gin Tonic.

EINKAUFEN

London ist weltweit als Shoppingparadies bekannt. Das Warenangebot in der britischen Hauptstadt ist riesig. Als Mitbringsel vom London-Urlaub eignet sich beispielsweise britischer Schwarztee, den es auch entkoffeiniert in verschiedenen Sorten in Teestuben und Geschäften gibt.

Mitbringen kann man auch traditionelles Gebäck wie Scones und Shortbreads. Scones sind süße Brötchen aus Weizenmehl, die zum Afternoon Tea gegessen werden. Bei Shortbreads handelt es sich um ein schottisches Mürbeteiggebäck, das ebenfalls zum Tee genossen wird. Kleingebäck findet man in London in Bäckereien sowie abgepackt auch in Supermärkten. Beliebte London-Souvenirs sind Schlüsselanhänger, Kühlschrankmagnete, Tassen und T-Shirts, die meist mit Motiven wie dem Union Jack (Nationalflagge), Big Ben, London Eye und Buckingham Palace bedruckt sind. Kinder freuen sich über einen Corgi aus dem Royal Collection Shop oder über ein anderes Plüschtier zum Kuscheln. In den Spielwarenabteilung großer Kaufhäuser wie Harrods, Selfridges, Marks & Spencer sowie Debenhams wird man auf der Suche nach Spielsachen fündig. In diesen Shopping-Tempeln mit ihrem vielfältigen Warenangebot findet man auch Designerkleidung, Parfums und Kosmetikartikel. Den ganzen Tag beim Shoppen verbringen kann man in den Einkaufszentren Westfield Stratford City oder in der Hay's Galleria. Einige der begehrtesten Marken der Welt gibt es im Londoner Designer Outlet zu Discountpreisen. Das Einkaufszentrum gilt als eines der besten in Großbritannien und spricht vor allem Modefans an. In den insgesamt 70 Geschäften findet man bekannte Marken. Das London Designer Outlet liegt ganz in der Nähe des Wembley-Stadions, sodass sich der Shoppingtrip auch mit einer Stadionbesichtigung verbinden lässt. Die Burlington Arcade wurde 1819 eröffnet und war damals die erste Einkaufspassage der Welt. Die Arkade erstreckt sich von den Burlington Gardens bis zum Piccadilly und beherbergt Geschäfte mit hochwertigem Warenangebot.

Zu den besten Shoppingadressen in London zählt Harvey Nichols in Knightsbridge. Die gehobene Kaufhauskette unterhält in der britischen Hauptstadt mehrere Niederlassungen. Das Kaufhaus in Knightsbridge ist das Flaggschiff und in einem eleganten, 1889 errichteten Gebäude untergebracht. Dieses Warenhaus ist bei Londonern und Besuchern gleichermaßen beliebt. Eine der prominentesten Kundinnen, die regelmäßig hier einkaufte, war Prinzessin Diana von Wales. Insgesamt acht Etagen sind mit hochwertiger Mode, Kosmetikprodukten, Haushaltswaren und Designerobjekten gefüllt. Im Lebensmittelbereich gibt es Delikatessen und Weine. Harvey Nichols befindet sich in der gleichen Straße wie Harrods, eine weitere Einkaufsattraktion in London. Ein schickes Einkaufsziel mit großer Auswahl ist St. Martin's Courtyard. Das Open-Air-Einkaufszentrum liegt an der historischen Straße Long Acre. Seit der Eröffnung im Jahr 2012 hat sich St. Martin's Courtyard zu einem beliebten Treffpunkt für Menschen, die Qualität und hochwertiges Design schätzen, entwickelt. Neben etablierten und unabhängigen Designern sind hier auch bekannte Marken zu finden. Im St. Martin's Courtyard gibt es zudem einige renommierte Restaurants, die italienische Küche und moderne indische Küche servieren. Reduzierte Luxusmode nationaler und internationaler Designer findet man im 2018 eröffneten Icon Outlet bei der O2-Arena. Das Modeangebot in den 85 Geschäften ist sehr vielfältig, kreativ und originell. Es richtet sich vor allem an das junge Publikum. Die meisten Londoner Kaufhäuser und Shoppingmalls sind, mit der Ausnahme von Feiertagen, täglich geöffnet. Die Öffnungszeiten sind zumeist zwischen 10 und 20 oder 21 Uhr.

LONDON MITTE

Einfach QR-Code scannen und Google Maps Karte ansehen
Oder via Direktlink: www.gamikaze.ch/maps/london

2h

---

1. Entdecke die majestätische Welt des Buckingham Palace
2. Königliche Zeremonien und Legenden in der Westminster Abbey erleben
3. Die geheimste Kommandozentrale entdecken in den Churchill War Rooms
4. Atemberaubende Blicke durch den Glasboden der Tower Bridge wagen
5. Versteckte Geheimnisse in der St. Paul's Cathedral entdecken
6. Eine Bootsfahrt und englischer Afternoon Tea auf der Themse genießen
7. Das politische Erbe Englands - Entdecke den Palace of Westminster

8 Ein Ort der Ruhe und der Spiritualität in St. Dunstan-in-the-East

9 London Eye - Im größten Riesenrad Europas schweben

10 In das unterirdische Gruselkabinett im London Dungeon hinabsteigen

11 Einen atemberaubenden Blick über London vom The Shard genießen

12 Originelle und innovative Kunst im Tate Modern anschauen

13 Ein Cricket-Match der Extraklasse im Kia Oval Stadion

14 An Bord der HMS Belfast maritime Geheimnisse erkunden

15 Durch den königlichen St. James's Park schlendern

4h

16 Die britischen Kronjuwelen im Tower of London entdecken

17 Von Mumien und Königsgräbern - Eine Reise durch das British Museum

18 Von römischen Weinbars zu britischen Pubs - Londons Trinkkultur

19 Die Wellcome Collection betrachten und bizarre Exponate entdecken

20 Die Kult-Doppeldecker - Auf den Spuren der roten Busse durch London

21 Außergewöhnliche Straßenkunst in East London entdecken

22 London Wall - Der unbekannte Schatz von Londinium

23 Atemberaubende Aussichten und exquisite Küche im Sky Garden London

24 Ein Besuch im Globe Theatre wo Shakespeare Geschichte schrieb

25 Durch den Shark-Walk laufen im Londoner SEA LIFE Aquarium

26 Blockbuster bis Kultklassiker im British Film Institute entdecken

27 Piccadilly Circus - Wo Lichter, Liebe und Luxus aufeinandertreffen

28 Zwischen Lampions und leckerem Essen - Erlebe Londons Chinatown

8h

29 Erkunde Londons schönste Ecken mit dem Fahrrad

#1

2h

Entdecke die majestätische Welt des **BUCKINGHAM PALACE**

Der Buckingham Palace ist eines der größten Schlösser der Welt und die offizielle Residenz des britischen Königs, wenn sich dieser in London aufhält.

Das Königsschloss liegt unmittelbar neben dem St. James's Park. In der Nähe befindet sich die Downing Street Nummer 10, der Amtssitz des britischen Premierministers. Viele weitere Londoner Sehenswürdigkeiten, wie die Westminster Abbey, Trafalgar Square und der Big Ben sind vom Buckingham Palace innerhalb weniger Minuten zu Fuß erreichbar. Der königliche Palast wurde im Jahr 1703 erbaut. Zunächst diente das

Schloss dem ersten Herzog von Buckingham und Normanby als Stadtresidenz. Seitdem wird das Gebäude als Buckingham Palace bezeichnet. König Georg III. erwarb die royale Residenz im Jahr 1791 und nutzte diese als privaten Rückzugsort, während der offizielle Amtssitz zunächst der St. James's Palace blieb. Mit der Thronbesteigung der Herrscherin Königin Viktoria änderte sich die Wohnsituation, da sie den Buckingham Palace bevorzugte und 1837 zur Residenz der britischen Monarchen machte. Seitdem dient der St. James's Palace nur noch als Verwaltungssitz. Im Inneren des Buckingham Palace befinden sich 775 Räume, darunter circa 19 Staatsgemächer und 92 Arbeitszimmer, 52 Schlafzimmer sowie 78 Badezimmer.

Die Innenausstattung ist elegant und kostbar, mit exquisiten Möbelstücken aus Frankreich und England eingerichtet. An den Wänden hängen wertvolle Gemälde, wie etwa einige Werke von „Canaletto" und „Van Dyck". Die erste Inneneinrichtung des Buckingham Palace war im georgianischen Stil gehalten, jedoch wurde der Einrichtungsstil von den Monarchen regelmäßig geändert und an den Zeitgeist der jeweiligen Epoche angepasst. Für die Öffentlichkeit sind Teile des Palastes zugänglich, allerdings nur an ausgewählten Tagen während der Sommermonate sowie zwischen November und Dezember, wenn sich die Herrscherfamilie nicht im Schloss aufhält. Zur Besichtigung freigegeben sind dann die 19 Staatsräume. Außerdem können die Queen's Gallery und die Royal Mews, die königliche Sammlung historischer Wagen und Kutschen, besichtigt werden. Diese beiden Bereiche sind zwar Teile des Buckingham Palace, da sie aber eigene Eingänge haben, sind sie generell zugänglich. Besonders sehenswert ist der Buckingham Palace während der Wachablösung. Diese findet an bestimmten Tagen (vorher auf der Website oder in den Medien informieren) ab 10.45 Uhr statt und dauert circa 30-45 Minuten. Um einen Platz mit guter Sicht zu bekommen, sollte man möglichst früh da sein.

Wichtig zu wissen

Tickets für eine Führung durch den Buckingham Palace werden auf der Website des Royal Collection Trusts (www.rct.uk) angeboten und müssen vorab online gebucht werden. Der Palast befindet sich im Zentrum von London und ist mit der U-Bahn am besten erreichbar.

Wie kommt man hin?

In der Nähe gelegene U-Bahn-Stationen sind:

- *Victoria*
- *Hyde Park Corner*
- *Green Park*

#2

2h

Königliche Zeremonien und Legenden in der **WESTMINSTER ABBEY ERLEBEN**

Die Westminster Abbey ist das wichtigste religiöse Bauwerk, das insbesondere für die britische Monarchie von großer Bedeutung ist.

Ursprünglich befand sich an der Stelle, an der die Westminster Abbey heute steht, eine Benediktinerabtei. Mit dem Bau der Kirche wurde 1045 unter König Eduard dem Bekenner begonnen. Im Jahr 1065 wurde das ehemalige Kirchengebäude fertiggestellt. Die heutige, im anglo-französischen frühgotischen Stil gehaltene Westminster Abbey entstand um 1245, als Heinrich III. Herrscher von England war. Im Architekturstil vereinen sich drei Epochen englischer Gotik. Das Gotteshaus erlangte seine Bedeutung in der Zeit des Königs Wilhelm des Eroberers. Seitdem wurden hier alle Könige und Königinnen von

Westminster Abbey

Abteifassade der Westminster Abbey

Grab in der Westminster Abbey

England gekrönt. Das Krönungszeremoniell wird traditionell vom Erzbischof von Canterbury vorgenommen. Nur zu diesem Ereignis nutzt man den mehr als 700 Jahre alten, aus edlem Holz gefertigten Krönungsstuhl (King Edward's Chair). Die Westminster Abbey gilt als geschichtsträchtiges, architektonisches Meisterwerk. In dieser Kirche finden seit Hunderten von Jahren königliche Hochzeiten und Trauerfeiern statt. Neben dem einzigartigen Bauwerk befindet sich ein historisches Museum sowie drei sorgfältig gepflegte englische Gärten. Mit einer Höhe von 69 Metern ist die Westminster Abbey eine der höchsten Kirchen der Welt. Das Gotteshaus bietet etwa 2.200 Menschen Platz.

Im Kirchengebäude befinden sich auch Grabstätten zahlreicher bedeutender Persönlichkeiten. Früher wurden Könige und Königinnen des Vereinigten Königreichs in der Westminster Abbey beigesetzt. Zu sehen sind beispielsweise die Gräber des Herrschers Heinrich III. sowie die Grabstätten von Maria Stuart und Elisabeth I. Außerdem fanden Berühmtheiten wie Charles Dickens, William Shakespeare, Charles Darwin, Georg Friedrich Händel, Isaac Newton und Laurence Olivier dort ihre letzte Ruhestätte. In der Poeten-Ecke „Poets Corner" befinden sich Gräber von mehr als 100 bekannten Schriftstellern. Eine weitere Grabstätte entdeckt man im Mittelschiff der Kirche. Das Grab des Unbekannten Soldaten ist einem nicht identifizierten Gefallenen des Ersten Weltkriegs gewidmet. Das Grab wurde bewusst an dieser Stelle platziert, um Soldaten zu ehren, die ihrem Vaterland dienten. Sehenswert ist auch die Marienkapelle am östlichen Ende der Kirche. Die im 16. Jahrhundert errichtete Kapelle ist architektonisch von großem Wert, denn sie stellt das letzte noch vorhandene Meisterwerk mittelalterlicher Architektur Englands dar.

Wichtig zu wissen

Für die Öffentlichkeit zugänglich ist die Westminster Abbey täglich außer Sonntag zwischen 09.30 und 15.30 Uhr. Das Museum ist jeden Tag von 10.30 bis 16.00 Uhr geöffnet. Nach Sonderführungen kann man sich an der Information am Nordportal erkundigen. Die Besichtigung der Westminster Abbey ist kostenpflichtig (circa 25-30 Euro pro Person). Gläubige, die eine Messe besuchen oder zum Gebet kommen, müssen keinen Eintritt bezahlen. Der Einlass erfolgt in diesem Fall über die westliche Tür, die Great West Door.

Wie kommt man hin?

In der Nähe gelegene U-Bahn-Station:

Westminster

Map Room in den Churchill War Rooms

#3

2h

Die geheimste unterirdische Kommandozentrale entdecken in den **CHURCHILL WAR ROOMS**

Die geheimste unterirdische Kommandozentrale des Zweiten Weltkrieges befindet sich in London.

In den nach dem ehemaligen britischen Premierminister benannten Churchill War Rooms sind Artefakte und Dokumente aus Kriegszeiten, in denen Großbritannien sich gegen deutsche Luftangriffe verteidigte, zu sehen. Damals hielten sich Winston Churchill und sein Kriegskabinett in den unterirdischen Räumlichkeiten auf, um dort ihre geheimen Strategien zu entwickeln. Wie dies funktionierte, kann man sich im interaktiven Churchill Museum anschauen. Ab Mai 1940, nach seiner Ernennung zum Premierminister, steuerte Winston Churchill die Kriegseinsätze der

Statue von Winston Churchill

Briten von den damaligen Cabinet War Rooms aus. Mit dem Bau der geheimen Kommandozentrale wurde bereits im Juni 1938 begonnen. Das Ziel bestand darin, einen geschützten Raum zu schaffen, der dem Premierminister, seinem Kabinett und der Armeeführung ausreichend Platz und die Möglichkeit bot, vor Luftangriffen geschützt zu tagen und Entschlüsse zu fassen. Bereits eine Woche vor Beginn des Zweiten Weltkriegs waren die heute als Churchill War Rooms bezeichneten Räumlichkeiten bezugsfertig. Als London im Jahr 1940 von deutschen Luftangriffen getroffen wurde, hat man die Wände der Kommandozentrale mit Beton verstärkt, sodass diese teilweise bis zu anderthalb Meter dick waren. Nach einer weiteren Erweiterung im Jahr 1941 umfassten die unterirdischen Räume auch Schlafzimmer, zusätzliche Büros sowie spezielle Funktionsräume.

Während die Churchill War Rooms zu Kriegsbeginn vor allem für Kabinettssitzungen dienten, änderten sich die Funktionen im weiteren Verlauf des Kriegs. In der unterirdischen Einsatzzentrale gab es einen Kartenraum (Map Room), in dem rund um die Uhr

nachrichtendienstliche Meldungen empfangen und gesendet wurden. Bei einem Rundgang durch die Churchill War Rooms sind die von Telegraphisten und Telefonisten genutzten Räume, wo verschlüsselte Nachrichten eingingen, zu sehen. In Churchills Schlafraum steht eine Rundfunkausrüstung der BBC, die der Premierminister für seine Reden an die Nation nutzte.

Der gesamte Gebäudekomplex, in dem sich die ehemalige Kommandozentrale befindet, wurde nach Kriegsende als Denkmal von nationaler Bedeutung eingestuft. Mittlerweile sind die War Rooms ein Bestandteil des Londoner Kriegsmuseums (Imperial War Museum). Die ehemals geheime Bunkeranlage ist seitdem für die Öffentlichkeit zugänglich. Die Räume befinden sich in gutem Zustand. Das im gleichen Gebäude gelegene Churchill Museum ist der politischen Lebensleistung des britischen Politikers gewidmet. Dokumente und andere Ausstellungsstücke beziehen sich auf das Leben und die politische Laufbahn von Winston Churchill.

Gut zu wissen

Geöffnet sind die Churchill War Rooms von September bis Juni täglich zwischen 9.30 Uhr und 18 Uhr (letzter Einlass ist um 17 Uhr). In den Sommermonaten Juli und August ist jeweils von 9.30 Uhr bis 19 Uhr geöffnet (letzter Einlass ist um 17.45 Uhr). Mit Ausnahme der Weihnachtsfeiertage sind die Cabinet War Rooms an allen anderen Feiertagen für Besucher zugänglich. Es bestehen gute U-Bahn-Verbindungen von allen Londoner Stadtteilen zum Kriegsmuseum. Von den U-Bahn-Stationen Westminster und St. James Park gelangt man innerhalb weniger Minuten zu den Churchill War Rooms.

Wie kommt man hin?

In der Nähe gelegene U-Bahn-Stationen sind:

- *Westminster*
- *St. James's Park*

#4

2h

Atemberaubende Blicke durch den Glasboden

DER TOWER BRIDGE WAGEN

Die berühmte Londoner Tower Bridge ist nicht nur eine einfache Brücke, sondern eine besondere technische Errungenschaft. Sie besteht aus der Hauptbrücke, mehreren gotischen Türmen und einigen Zugbrücken.

Seit ihrer Inbetriebnahme am 30. Juni 1894 ist die zweiseitige Hängebrücke das Wahrzeichen Londons. Die beiden Türme sind über zwei öffentliche, überdachte Gehsteige an ihren Spitzen miteinander verbunden. Mit der Planung der Tower Bridge wurde im frühen 19. Jahrhundert begonnen. Zur damaligen Zeit entwickelte sich mit dem Londoner East End ein neues Stadtviertel, sodass Bedarf für eine neue Flussüberquerung bestand. Es kam zur Gründung des Special Bridge or Subway Committee, das den Auftrag erhielt, Ideen für eine moderne Brücke zu entwickeln. Der erste Entwurf wurde im Oktober 1884 vom Stadtarchitekten Sir Horace Jones und dem Ingenieur Wolfe Barry eingereicht. Gemäß der Planung sollte die Tower Bridge eine Durchfahrtshöhe von 41 Metern aufweisen und circa 61 Meter breit sein. Der Brückenbau begann 1886. Bis zur Fertigstellung vergingen ganze 8 Jahre. Am Bau der Tower Bridge waren pro Tag 432 Bauarbeiter beteiligt. Um das Bauwerk zu stabilisieren und ausreichend zu stützen, hat man auf Fundamenten, die tief in das Flussbett der Themse eingelassen wurden, zwei große Pfeiler errichtet. Für die Errichtung aller Türme und Stege wurden fast 11.000 Tonnen Stahl benötigt.

Da der Architekt Jones im Jahr 1887 verstarb, übernahm dessen Nachfolger George Stephenson das Bauprojekt. Er entschied, die ursprüngliche Backsteinfassade durch eine Fassade im viktorianisch-gotischen Stil zu ersetzen. Die Fertigstellung der Tower Bridge soll circa 1.184.000 britische Pfund (etwa 1.387.488 Euro) gekostet haben. Bei einem Spaziergang über den Fußgängerweg hat man einen schönen Blick auf die Themse und die Londoner Innenstadt. Die Tower Bridge ist neben ihrer Funktion als Brücke auch ein Museum. In der Ausstellung „The Tower Bridge Exhibition" wurden interessante und wissenswerte Fakten zur Planung und zur Geschichte der Brücke zusammengetragen. Das neueste Update bekam die Fußgängerbrücke im Jahr 2014. Seitdem schreitet man beim Überqueren über einen 11 Meter langen und 1,8 Meter breiten Glasboden. Der Blick in die Tiefe ist einmalig. So schaut man aus einer Höhe von rund 40 Metern auf Schiffe, die auf der Themse verkehren sowie auf Autos und Fahrräder, die über den unteren Fahrweg die Brücke überqueren. Um Ausflugsschiffe durchzulassen, klappt die als Zugbrücke konstruierte Tower Bridge pro Woche etwa 20 bis 30 Mal auf. Das interessante Schauspiel kann man vom Ufer aus beobachten.

Wichtig zu wissen

Der Haupteingang für die Tower Bridge Exhibition ist ebenso wie die Kasse im Nordwest-Turm untergebracht. Die Ausstellung ist täglich geöffnet, in den Wintermonaten zwischen Oktober und März von 9.30 bis 17.00 Uhr (letzter Einlass 16.00) und im Sommer von 9.30 bis 18.00 Uhr (letzter Einlass 17.00 Uhr). Die Besichtigung der Türme mit den Maschinenräumen und die Überquerung der Glasboden-Fußgängerbrücke sind kostenpflichtig (circa 10-15 Euro). Tickets werden auch online angeboten (www.towerbridge.org.uk).

Wie kommt man hin?

In der Nähe gelegene U-Bahn-Stationen und Buslinien sind:

London Bridge

15, 42, 78, 100 und 343

#5

2h

Versteckte
Geheimnisse in der

ST. PAUL'S CATHEDRAL ENTDECKEN

Die Londoner St. Paul's Kathedrale ist eine der größten Kirchen der Welt. Das bedeutende Gotteshaus, das sich im Stadtbezirk City of London befindet, dient häufig als Hintergrundkulisse staatlicher und königlicher Zeremonien.

Weltweit bekannt wurde die barocke Kathedrale 1981 durch die Hochzeit von Lady Diana mit dem damaligen Thronfolger Prinz Charles. In der St. Paul's Cathedral fanden jedoch auch traurige Anlässe, wie die Begräbnismesse von Sir Winston Churchill, statt. Erbaut wurde die barocke Kathedrale im späten 17. Jahrhundert. Damals musste eine neue Kirche errichtet werden, da das ehemalige Gotteshaus 1666 beim Großen Brand von London völlig zerstört wurde. Der Kirchen-Grundriss basiert auf einem 158 Meter langem lateinischen Kreuz. Die 111 Meter hohe Kirchenkuppel befindet sich in der Mitte. Die heutige St. Paul's Cathedral besitzt die drittgrößte Orgel in ganz Großbritannien mit mehr als 7.000 Orgelpfeifen. Ein weiteres Highlight ist der aufwendig aus Marmor gestaltete und mit vergoldeter Eiche verzierte Hochaltar. Sehenswert ist die riesige Krypta, die so lang ist wie das Hauptschiff. Dort befinden sich die Grabstätten wichtiger Persönlichkeiten wie des Kirchen-Architekten Christopher Wren, des Malers William Turner, des Wissenschaftlers Alexander Fleming, des Duke of Wellington und des Admirals Lord Nelson. Nähert man sich der St. Paul's Cathedral, sieht man schon von Weitem die große

Sicht von der Millenniumsbrücke
auf die St. Paul's Cathedral

Steinkuppel der Kathedrale. Bis zum Ende des 17. Jahrhunderts war die Kirchenkuppel der höchste Punkt Londons. Die Kuppel, die über 528 Stufen erreichbar ist, wird durch ein sogenanntes Kuppelauge indirekt beleuchtet. Eine Besonderheit an der Kuppel ist die Kuppelbasis, an der sich ein runder Balkon befindet. Dieser Bereich wird auch als Flüstergewölbe (Whispering Gallery) bezeichnet, da aufgrund der speziellen Akustik der Schall zur Gegenseite weitergeleitet wird und somit auch leise gesprochene Worte auf der anderen Seite der Galerie in 42 Metern Entfernung gut zu verstehen sind. Von der Flüstergalerie führt eine Wendeltreppe hinauf zur Steingalerie. In einer Höhe von 52 Metern hat man eine fantastische Aussicht über die Londoner Innenstadt. Ganz oben in der Golden Gallery angekommen, kann man aus 85 Metern Höhe den einmaligen Ausblick so richtig genießen. In der St. Paul's Cathedral finden regelmäßig reguläre Gottesdienste statt. Besucher, die zu den stündlichen Gebetszeiten oder zur Messe, die von Montag bis Freitag jeweils um 17 Uhr stattfindet, kommen, bezahlen keinen Eintritt. Geführte Touren sowie die Besichtigung der Krypta, Galerien und Aussichtsbalkone sind allerdings kostenpflichtig. Die Eintrittsgebühren werden für den Erhalt der Kathedrale verwendet.

Wichtig zu wissen

Der Haupteingang der St. Paul's Cathedral befindet sich an der Westfassade. Für Besichtigungen ist die Kathedrale montags bis samstags von 8.30 bis 16.30 Uhr geöffnet. Da am Sonntag Gottesdienste stattfinden, bleibt die Kirche für Touristen geschlossen. Im Eintrittsticket (circa 20-25 Euro) sind der Zugang zum Hauptteil der Kathedrale, zur Krypta, den 3 Galerien sowie der Kuppel als auch eine englischsprachige, 90 Minuten dauernde Führung enthalten.

Wie kommt man hin?

In der Nähe gelegene U-Bahn-Stationen sind:

- *St. Paul's*
- *Mansion House*

Eine Bootsfahrt und englischer Afternoon Tea **AUF DER THEMSE GENIESSEN**

Die Themse verbindet London mit der Nordsee. Mit einer Flusslänge von 346 Kilometern gilt der Fluss als die Lebensader Englands.

Viele der bedeutendsten Sehenswürdigkeiten in London liegen am Ufer der Themse. Der Port of London, der Londoner Hafen, war früher der größte Seehafen der Welt. Seitdem die Containerschiffe immer größer werden und sich die Themse als zu eng und nicht tief genug für moderne Ozeanriesen erweist, hat man Teile des Hafens nach und nach geschlossen. Der größte Umschlag an Containern wird inzwischen über die Häfen von Felixstowe und

Southampton abgewickelt. Das ehemalige Hafenviertel ist umgestaltet, es wurden Bürogebäude, Hochhäuser und Wohnanlagen errichtet, sodass ein neuer Stadtteil entstand. Die Docklands gelten als Symbol des modernen, dynamischen London. Regelmäßig verkehren Ausflugsboote auf der Themse. Es werden kurze und längere Schiffstouren angeboten, bei denen die Innenstadt von London vom Schiff aus zu sehen ist. Besonders beliebt ist die Schiffsroute von Westminster nach Greenwich, die quer durch das Stadtzentrum von London verläuft und auf der Themse an den wichtigsten Sehenswürdigkeiten wie Big Ben, London Eye und dem Tower of London vorbeiführt.

Eine weitere Möglichkeit, die britische Hauptstadt bei einer Flussfahrt zu erleben sind Nachmittags-Kreuzfahrten, die circa 2 Stunden dauern. Die Rundfahrten stehen unter dem Motto englischer Afternoon Tea. So werden gemäß der britischen Tradition schwarzer Tee mit Milch, kleine Gebäckstücke und Sandwichs serviert, während das Schiff durch die Wellen gleitet. Abends werden Dinner-Kreuzfahrten angeboten, die teilweise in luxuriösem Rahmen stattfinden, es gibt aber auch abendliche Schiffsfahrten mit legerem, ungezwungenem Ambiente, wo man in Jeans und T-Shirt kommt und sich an Bord ein leckeres, mehrgängiges Menü schmecken lässt. Romantische Ausflugsfahrten auf der Themse bei Sonnenuntergang runden das Angebot an Schiffsfahrten in London ab. Etwas Besonderes sind die Speedboat-Trips. Bei einer Hochgeschwindigkeits-Bootstour rast man mit einem schnellen Festrumpfschlauchboot über die Wellen. Es werden Höchstgeschwindigkeiten von bis zu 56 km/h erreicht.

Gut zu wissen

Die meisten Schiffsfahrten auf der Themse können vorab online gebucht werden (bspw. auf www.thamesriversightseeing.com). Die Ausflugspreise bewegen sich zwischen 10-15 Euro pro Person. Es wird empfohlen, bequeme Kleidung zu tragen. Ausflugsschiffe für Sightseeingtouren auf der Themse legen vom Westminster Pier ab, während der Treffpunkt für Speedboat-Trips der Tower Bridge Quay ist. Bootstouren finden in London das ganze Jahr über statt, allerdings ist witterungsbedingt im Winter mit weniger Abfahrten zu rechnen.

#7

2h

Das politische Erbe Englands - Entdecke **DEN PALACE OF WESTMINSTER**

Der Palace of Westminster (deutsch: Westminsterpalast), ist Sitz des britischen Parlaments.

Die Abgeordneten-Versammlung besteht aus dem House of Lords (Oberhaus) und aus dem House of Commons (Unterhaus). Der gesamte Gebäudekomplex, der ab 1840 größtenteils im neugotischen Stil errichtet und 1870 fertiggestellt wurde, wird als Houses of Parliament bezeichnet. Der Westminsterpalast befindet sich am Parliament Square im Stadtbezirk City of Westminster. In unmittelbarer Nähe stehen weitere Regierungsgebäude. Gemeinsam mit der St. Margaret's Church und der Westminster

Abbey wurde der Regierungspalast in die Weltkulturerbe-Liste der UNESCO aufgenommen. Die Westminster Hall, die im Jahr 1097 entstand sowie der um 1365 erbaute Jewel Tower sind die ältesten noch erhaltenen Teile des Palastes. Ursprünglich war das schlossartige Gebäude als Residenz englischer Könige gedacht, jedoch hat seit 1529 kein Herrscher mehr im Palast gelebt. Im Jahr 1547 begannen gewählte Parlamentarier damit, die St. Stephens-Kapelle für ihre Treffen zu nutzen. Ein Großteil des Palastes, mit Ausnahme der Krypta von St. Stephens, der Westminster Hall und dem Jewel Tower, wurde 1834 bei einem Großbrand zerstört. Der neugotische

Gebäudekomplex, in dem das britische Parlament jetzt tagt, stammt aus dem Jahr 1835. Das besondere Highlight der Parlamentsgebäude sind die Türme. Im viereckigen Victoria Tower, dem mit 98 Metern höchsten Turm, werden wichtige Dokumente von beiden Kammern des britischen Parlaments archiviert. Die 1.000-jährige Geschichte, die Großbritannien bis heute prägt, lässt sich bei einem Rundgang durch die Houses of Parliament entdecken. Es werden Touren, die etwa 90 Minuten dauern, angeboten. Zu sehen sind insgesamt 19 Räume, darunter die Lords Chamber und die Commons Chamber. Das Fotografieren ist innerhalb des historischen Bauwerks nicht gestattet. Besichtigungen sind für Einwohner Großbritanniens sowie für Besucher anderer Länder möglich. Es besteht zudem die Möglichkeit, bei öffentlichen Debatten zuzuhören oder bei Anhörungen vor Komitees anwesend zu sein. Wenn nächtliche Debatten geführt werden, ist dies an einem Licht, das an der Spitze des Big Ben brennt, zu erkennen. Der Elizabeth Tower mit dem Big Ben ist das Wahrzeichen der Parlamentsgebäude und eine der bekanntesten Sehenswürdigkeiten London. Der Uhrenturm Elizabeth Tower trägt den Spitzname „Big Ben" wegen der circa 17 Tonnen schweren Hauptglocke im Inneren des Turms. Da die Turmglocke wohl etwas zu schwer war, bekam sie Risse und musste durch ein leichteres Exemplar ausgetauscht werden.

Wichtig zu wissen

Von außen können die Houses of Parliament jederzeit besichtigt werden. Als Zuschauer einer öffentlichen Sitzung gelangt man von Montag bis Freitag zwischen 9.00 und 17.00 Uhr in das Gebäude (Ausweis mitnehmen). Führungen und Besichtigungen der Räumlichkeiten werden an Samstagen und Sonntagen, wenn die Abgeordneten nicht da sind, durchgeführt. Eintrittskarten zur Besichtigung des Westminsterpalastes müssen vorab auf der offiziellen Website des britischen Parlaments erworben werden (www.parliament.uk). Mit der U-Bahn gelangt man am besten zu den Houses of Parliament. Einige Buslinien halten ebenfalls am Westminster Palace.

Wie kommt man hin?

In der Nähe gelegene U-Bahn-Station:

Westminster

#8

2h

Ein Ort der Ruhe und der Spiritualität

IN ST. DUNSTAN-IN-THE-EAST

Zwischen der Tower Bridge und der London Bridge befindet sich die ehemalige Kirche St. Dunstan-in-the-East. Die historische, gut erhaltene Kirchenruine ist von Weinreben, bunten Blumen und exotischen Pflanzen bewachsen.

Über mit Kopfstein gepflasterte Wege gelangt man zu diesem idyllischen Ort der Ruhe inmitten der pulsierenden Großstadt London. Die Kirche St. Dunstan-in-the-East wurde während des Zweiten Weltkriegs durch Luftangriffe auf London zerstört. Das ursprünglich vom bekannten Architekten Christopher Wren geschaffene Kirchengebäude sowie der angrenzende Kirchhof zählen zu den denkmalgeschützten Bauwerken.

St. Dunstan-in-the-East

Romantische Gärten der Ruhe in St. Dunstan-in-the-East

Außerdem gilt die Kirchenruine wegen ihrer malerischen Torbögen, ihrer begrünten Gärten und romantischen Parkwege als beliebter Fotospot. Die St. Dunstan-in-the-East Kirche ist dem Erzbischof Dunstan von Canterbury gewidmet. Der Namenszusatz „in-the-East" soll verdeutlichen, dass sich das Gotteshaus im Osten Londons befindet, da es im Westteil der Hauptstadt eine Kirche gleichen Namens, die St. Dunstan-in-the-West Church, gibt.

Ursprünglich wurde die Pfarrkirche im gotischen Stil am Ende des 13. Jahrhunderts errichtet. Die damalige Kirchengemeinde zählte zu den reichsten in London, sodass die Innenausstattung entsprechend edel war. Im Jahr 1382 erweiterte man die Kirche durch ein südliches Kirchenschiff. St. Dunstan-in-the-East war früher eine der größeren Kirchen Londons. Da der Wiederaufbau der im Weltkrieg größtenteils zerstörten historischen Kirche als zu aufwändig betrachtet wurde, entschied die Stadt London, die Ruinen sowie den umliegenden Garten in einen öffentlichen Park umzuwandeln.

Heute wachsen Bäume durch die hohen, offenen Kirchenfenster, während sich Weinreben an den Mauern entlangschlängeln. Die Kirchenruine dient als Ort der Ruhe und Entspannung für alle, die sich nach einem Stadtbummel in grüner Umgebung erholen wollen. Man kann sich auf einer der zahlreichen Bänke ausruhen, das Plätschern des Springbrunnens genießen und den Blick auf die mit bunten Blumen bewachsene Parkanlage genießen. Der Garten ist tagsüber für die Öffentlichkeit zugänglich.

Gut zu wissen

Die Öffnungszeiten sind täglich von 08.00 bis 19:00 Uhr. Der Eintritt ist frei.

Wie kommt man hin?

In der Nähe gelegene U-Bahn-Stationen sind:

- *Tower Hill*
- *Monument*

Malerischer Torbogen in St. Dunstan-in-the-East

London Eye - Das
Riesenrad der Superlative

2h London Mitte

#9

2h

LONDON EYE
Im größten Riesenrad Europas schweben

Seit der Betriebsaufnahme am 09. März 2000 ist das London Eye, das auch als Millenium Wheel bekannt ist, die größte Attraktion der britischen Hauptstadt.

Mit dem Aufbauen des London Eye wurde bereits 1999 begonnen. Die Arbeiten gestalteten sich jedoch schwierig, da es sich um ein besonders großes und schweres Riesenrad handelt. Im Unterschied zu anderen Modellen wird das Londoner Riesenrad zudem nur auf einer Seite gestützt. Allein der Transport an die dafür vorgesehene Stelle an der Themse stellte eine Meisterleistung dar. Bevor die ersten Passagiere in den Gondeln Platz nehmen konnten, wurden die Einzelteile des XXL-Riesenrads auf schwimmenden Plattformen auf der Themse gelagert und dort flach liegend zusammengesetzt. Nachdem sich alle Teile am richtigen Platz befanden, dauerte es noch mehrere Tage, bis das riesige Rad langsam vollständig aufgerichtet werden konnte. Das London Eye zählt zur Kategorie der von einem Kragarm gehaltenen Riesenrädern. Eine originalgetreue Kopie im Miniformat ist inzwischen im Legoland Windsor zu sehen.

Ursprünglich sollte das größte Riesenrad Europas, das zugleich das viertgrößte der Welt ist, für maximal 5 Jahre abenteuerlustige Besucher transportieren, die den traumhaften

Ausblick auf London aus 135 Metern Höhe genießen wollten. Der große Erfolg und die steigende Popularität sorgten dafür, dass das London Eye mittlerweile eine zeitlich unbefristete Attraktion ist. In den 32 bodentief verglasten und vollklimatisierten Gondeln des Riesenrads finden bis zu 660 Gäste Platz. Das London Eye bewegt sich mit einer Geschwindigkeit von 1 km/h und benötigt für eine volle Umdrehung circa eine halbe Stunde. Bei guten Wetterbedingungen beträgt die Sichtweite bis zu 40 Kilometer, sodass die gesamte Londoner Innenstadt, die Themse, die Paläste von Buckingham und Kensington gut zu sehen sind. Von hoch oben aus der Riesenrad-Gondel sind bei klarem Wetter die wichtigsten Sehenswürdigkeiten Londons, wie die Westminster Abbey, der Big Ben, die Tower Bridge und der Hochhausturm The Shard gut zu erkennen. Bei günstigen Sichtverhältnissen sieht man sogar das mehr als 40 Kilometer entfernte Königsschloss Windsor. Die Drehgeschwindigkeit ist langsam genug, um spektakuläre Fotoaufnahmen zu machen. Das London Eye ist öffentlich zugänglich, es können allerdings auch Gondeln für private Anlässe wie Geburtstagsfeiern, Verlobungen oder Hochzeitszeremonien gemietet werden.

Wichtig zu wissen

Das London Eye befindet sich im Stadtzentrum an der Westminster Bridge. Die Fahrzeiten sind täglich zwischen 10 und 18 Uhr, während der Sommersaison auch bis 20.30 Uhr. Wir empfehlen, die genauen Öffnungszeiten zuvor nochmals auf der Webseite nachzuschauen. Wegen des hohen Besucherandrangs ist vor allem an Wochenenden und Schulferien mit Wartezeiten zu rechnen. Schneller geht es am frühen Morgen kurz nach der Öffnung oder am späten Nachmittag kurz vor der Schließung.

Wie kommt man hin?

In der Nähe gelegene U-Bahn-Stationen und Buslinien sind:

- *Waterloo*
- *Embankment*
- *Westminster*

12, 53, 59, 76, 148 und 159, sowie 211 und 341

Grimmige Statue am Eingang des London Dungeons

#10

2h

In das unterirdische Gruselkabinett im **LONDON DUNGEON HINABSTEIGEN**

Der London Dungeon ist eine originalgetreu nachgebaute Kerkeranlage und weltweit die erste dieser Art, die für die Öffentlichkeit zugänglich ist.

Ursprünglich befand sich der Londoner Dungeon (Kerker) unterhalb der Bahnstation London Bridge, heute ist die Anlage im Stadtteil Bankside unmittelbar an der Themse zu finden. Mit dem gruseligen Kerker soll die wechselvolle und mehr als tausend Jahre umfassende Geschichte des britischen Königsreichs thematisiert werden. Im Mittelpunkt stehen jedoch keine historischen Ereignisse, sondern düstere Legenden und blutige Vorfälle, die man durch schaurige Effekte in Szene setzt. Der London Dungeon ist eher ein Gruselkabinett als ein Museum. In die Tiefe des Kerkers gelangt man mit einem mittelalterlichen Lift. Beim Rundgang durch die Kerkeranlage mit ihren dunklen Räumen und Artefakten aus der düsteren Vergangenheit der britischen Hauptstadt spürt man die gruselige Atmosphäre. Wichtige Szenen bekannter blutiger Ereignisse werden von professionellen Schauspielern nachgestellt. So kann man eine Bootsfahrt über die Themse mit Anne Boleyn, der 2. Ehefrau von Heinrich VIII. machen, einen Henkerlehrling bei seiner Berufsausübung erleben und sich von einem Folterknecht in der Folterkammer des London Dungeon die wichtigsten Werkzeuge und Methoden zeigen lassen. Ebenfalls dargestellt wird die in Großbritannien populäre Geschichte von Guy Fawkes, einem Freiheitskämpfer, der einst ein Sprengstoff-Attentat auf den damaligen Herrscher König Jakob I. plante.

Die Schwarze Pest hatte für die britische Hauptstadt verheerende Folgen. In den Abwasserkanälen des Londoner Dungeon entdeckt man die Verursacher dieser Epidemie. Um den Gruselfaktor zu erhöhen, hat man zahlreiche Ratten in den Korridoren der Kerkeranlage angesiedelt. Sogar Serienmörder wie Jack the Ripper kommen im Kerkergewölbe nicht zu kurz. Besucher erfahren Interessantes und Wissenswertes über die bislang ungeklärten Whitechapel-Morde. Die Ereignisse vom 2. September 1666 haben Englands Hauptstadt geprägt. Damals vernichtete ein Feuer, das in der Backstube der königlichen Bäckerei ausbrach, beinahe vier Fünftel aller Häuser in der City of London. Gespenstisch anmutende Szenen vom Londoner Großbrand sind ebenfalls im London Dungeon zu sehen. Eine geführte Besichtigung dauert circa 90 Minuten. Zur Entspannung kann man den Besuch im Gruselkabinett bei einem Getränk im viktorianischen Pub ausklingen lassen.

Wichtig zu wissen

Der London Dungeon befindet sich im Riverside Building in der County Hall, gegenüber des London Eye. Für Besucher geöffnet ist die Kerkeranlage täglich zwischen 11 und 16 Uhr (Öffnungszeiten auf der Website prüfen da diese je nach Wochentag leicht abweichen können: www.thedungeons.com/london/). Die Besichtigung ist auch für Familien mit jüngeren Kindern geeignet. Vor allem an den Wochenenden ist mit Wartezeiten am Eingang zu rechnen. Auf der Website des London Dungeon wird mit „garantiertem Einlass" für Besucher, die ihr Ticket vorab online buchen, geworben.

Wie kommt man hin?

In der Nähe gelegene U-Bahn-Stationen sind:

- *Waterloo*
- *Westminster*

Der Wolkenkratzer „The Shard"

#11

2h

Einen atemberaubenden Blick über London vom **THE SHARD GENIESSEN**

Bis zum 31. Januar 2020 war The Shard, ein Wolkenkratzer im Stadtteil Southwark, das höchste Gebäude Europas und der höchste Wolkenkratzer der Europäischen Union.

In dieser Funktion wurde es vom 339 Meter hohen Mercury City Tower in Moskau abgelöst. Mit einer Höhe von 310 Metern ist das vom italienischen Star-Architekten geplante Hochhaus ein gigantisches Bauwerk, das die Skyline von London maßgeblich verändert hat. Obwohl sich The Shard zum Besuchermagneten entwickelt hat, gab es auch Kritik, unter anderem deswegen, weil der Wolkenkratzer mitten im Zentrum der Großstadt und nicht in Canary Wharf, dem Finanzzentrum und Büroviertel, errichtet wurde. Seiner speziellen Form verdankt das Gebäude die Bezeichnung „The Shard" (deutsch: Splitter oder Scherbe). The Shard ist ein Bauwerk der Superlative. Die Gesamtfläche der Glasfassade ist mit 56.000 Quadratmetern etwa so groß wie acht Fußballfelder. Für die Vollverglasung des Gebäudes waren 11.000 Glasscheiben notwendig. Man verwendete spezielles Glas, welches Licht auf eine besondere Weise reflektiert und dazu beiträgt, dass The Shard abhängig von der Tageszeit und dem Lichteinfall in unterschiedlichen Farben leuchtet. Bis zum 72. Stockwerk, der höchsten Etage, gelangt man mit einem der insgesamt 44 Aufzüge. Während die unteren 28 Stockwerke von unterschiedlichen Firmen als Büros genutzt werden, befinden sich darüber öffentlich zugängliche Luxusrestaurants sowie das 5-Sterne-Hotel Shangri-La, das über circa 200 Zimmer verfügt. In den oberen Etagen stehen Luxuswohnungen zum Verkauf.

In 244 Metern Höhe oberhalb des 72. Stockwerks befindet sich die Turmspitze, in der technische Einrichtungen wie die Klimaanlage untergebracht sind. Die Spitze von The Shard besteht aus 800 Stahlteilen, ist 66 Meter hoch und wiegt circa 500 Tonnen. Beim Errichten des Wolkenkratzers mussten die größten Kräne Großbritanniens eingesetzt werden, um die Turmspitze an ihren Platz zu befördern. Von der Aussichtsplattform „The View", die sich ebenfalls auf der Spitze des Bauwerks befindet, hat man einen beeindruckenden Panorama-Rundblick über ganz London. Bei gutem Wetter sind die meisten der Londoner Sehenswürdigkeiten zu sehen. The Shard verfügt auch über ein Souvenirgeschäft. In der Sky Boutique werden kleine Fuchs-Stofftiere angeboten. Der Fuchs Romeo ist das Maskottchen des Shards. Dies ist darauf zurückzuführen, dass während der Bauphase ein Fuchs auf der Baustelle entdeckt wurde. Man nahm an, dass das Tier überlebte, indem es im zentralen Treppenhaus nächtigte und sich von Essensresten ernährte. Die einmalige Aussicht von der Besucherplattform dürfen maximal 200 Besucher gleichzeitig genießen. Wegen des hohen Besucherandrangs wird im Drei-Minuten-Takt gewechselt. Da es an Wochenenden im The Shard sehr voll ist, empfehlen wir für die Besichtigung einen Wochentag.

Gut zu wissen

Die Besucherterrasse im The Shard ist kostenpflichtig (circa 30-35 Euro). Tickets können im Voraus online erworben werden (www.the-shard.com). Es besteht die Möglichkeit, zusätzliche Leistungen, wie beispielsweise ein Glas Champagner auf der Aussichtsterrasse, zu buchen.

Meistens ist an dieser Londoner Sehenswürdigkeit mit Wartezeiten zu rechnen. Die Öffnungszeiten variieren, sodass man sich vorab auf der Website nochmals informieren sollte. Die üblichen Zeiten sind täglich zwischen 11.00 und 19.00 Uhr.

An Tagen mit internen Veranstaltungen bleibt The Shard für Besichtigungen geschlossen.

Wie kommt man hin?

In der Nähe gelegene U-Bahn-Station:

London Bridge

#12

2h

Originelle und innovative Kunst im

TATE MODERN ANSCHAUEN

Kunst spielt in einer bedeutenden europäischen Metropole wie London eine große Rolle. In der britischen Hauptstadt befindet sich mit der Tate Gallery of Modern Art eines der größten Museen für moderne und zeitgenössische Kunst.

Kunst spielt in einer bedeutenden europäischen Metropole wie London eine große Rolle. In der britischen Hauptstadt befindet sich mit der Tate Gallery of Modern Art eines der größten Museen für moderne und zeitgenössische Kunst. Der Sitz des kurz Tate Modern genannten Kunstmuseums ist die frühere Bankside Power Station, ein umgebautes Kraftwerk am Ufer der Themse im Stadtteil Southwark. In der Tate Gallery of Modern Art ist internationale Kunst des 20. und 21. Jahrhunderts zu sehen. Das Tate Modern, Tate Britain, Tate St. Ives und das Tate Liverpool bilden zusammen ein Netzwerk von Kunstmuseen. Neben Werken zeitgenössischer Künstler und Künstlerinnen sind in London auch Gemälde bedeutender Maler wie Georges Braque, Paul Klee und Pablo Picasso ausgestellt. Die Kunstausstellungen werden in vier thematisch voneinander getrennten Bereichen präsentiert. Jede Ausstellung beschäftigt sich mit einem Oberthema und zeigt dazu passende Ideen und Objekte. Regelmäßig gastieren wechselnde nationale und internationale Ausstellungen im Tate Modern. Erwähnenswert ist die Kunstausstellung, die von Oktober bis März in der großen Turbinenhalle des Kraftwerks gezeigt wird und speziell für diesen riesigen Saal konzipiert wird. In der Tate Modern Galerie sind künstlerische Werke sehr bedeutender und einflussreicher Maler wie Paul Cézanne, Salvador Dalí, Vincent van Gogh, Paul Gauguin, Henri Matisse, sowie Henri de Toulouse-Lautrec und Andy Warhol ausgestellt. Bei den Stilrichtungen handelt es sich um Dadaismus, Expressionismus, Fauvismus, Futurismus, Impressionismus, Kubismus und Surrealismus sowie Konzeptkunst, Minimal Art und Pop Art. Außerdem zeigt das Tate Modern Kunstwerke avantgardistischer Richtungen wie zum Beispiel von Joseph Beuys und Schwerpunkt auf amerikanischer Gegenwartskunst mit Werken von Ed Ruscha, Jackson Pollock, Mark Rothko und Cy Twombly. Das Kunstmuseum sowie dessen Ausstellungen sind nicht unumstritten, da auch Kunstrichtungen und Werke, die ambivalente Gefühle auslösen oder Diskussionsstoff liefern, präsentiert werden. Gleichzeitig hat das Tate Modern den Ruf, weltweit eines der führenden Museen für moderne Kunst zu sein. Dauerausstellungen können kostenfrei besucht werden. Eintrittsgebühren werden nur für Sonderausstellungen erhoben. Das Tate Modern London ist auch für Kinder geeignet. Es gibt zahlreiche interaktive Exponate, Video-Präsentationen und Lautsprecher, über die das Gesehene erklärt wird. Für Kinder ist ein Besuch im Kunstmuseum eine ideale Gelegenheit, um zu erkennen, wie interessant und spannend Kunst sein kann. Im 6. Stock des Museums befindet sich ein Café, in dem man sich nach dem Besuch der Ausstellungen ein Getränk gönnen und dabei die Aussicht auf die Millennium Bridge und über London bis zur St. Paul's Cathedral genießen kann.

Gut zu wissen

Die Öffnungszeiten vom Tate Modern Kunstmuseum sind an jedem Wochentag von 10.00 bis 18.00 Uhr. Dauerausstellungen sind kostenfrei, für Besichtigungen von Wanderausstellungen internationaler Künstler wird ein Eintritt an der Kasse vor Ort bezahlt. Die Höhe des Eintrittspreises ist von der jeweiligen Ausstellung abhängig. Auf der Website der Tate Modern Gallery (www.tate.org.uk) ist ein Überblick über aktuelle Ausstellungen zu finden.

Wie kommt man hin?

In der Nähe gelegene U-Bahn-Stationen sind:

- *Southwark*
- *Blackfriars*
- *St. Paul's*

Mit der U-Bahn ist das Kunstmuseum über die U-Bahnstationen Southwark (600 Meter Entfernung), Blackfriars (800 Meter Entfernung) und St. Paul's, auf der anderen Seite der Themse gelegen und nach Überquerung der Millennium Bridge erreichbar.

#13

2h

Ein Cricket-Match der Extraklasse im **KIA OVAL STADION**

Für die Briten ist Cricket nach dem Fußball der beliebteste Nationalsport. Das Schläger-und-Ball-Spiel wird auf einem 22-Yard-Spielfeld gespielt und zwischen zwei Mannschaften mit je elf Spielern ausgetragen.

Cricket ist eine englische Erfindung, dass ein wenig an das amerikanische Baseballspiel erinnert, allerdings ist Cricket wesentlich älter. Da auf einer ovalen Rasenfläche gespielt wird, bezeichnet man das Londoner Cricket-Stadion als Kia Oval Stadion. Bei diesem dynamischen Spiel steht der Zweikampf zwischen dem Bowler (deutsch: Werfer) und dem Batter (deutsch: Schlagmann) der anderen Mannschaft im Mittelpunkt. Das Ziel besteht darin, das sogenannte Wicket, eine Holz-Konstruktion aus drei Stäben und zwei Querstäben, zu zerstören. Dies versucht der Schlagmann zu verhindern, indem alles daran gesetzt wird, den Ball mit dem Schläger zu treffen und ins Feld zu schlagen. Ein Cricket-Spiel besteht aus neun Spielabschnitten. Im Unterschied zum Fußball gibt es jedoch keine feste Spieldauer.

Das bekannteste Cricket-Stadion Englands, in dem die wichtigsten Spiele stattfinden, ist das Kia Oval Stadion im Süden Londons. Dort wurde bereits im Jahr 1880 das erste Länderspiel gegen Australien ausgetragen. Das Kia Oval ist zudem die Heimspielstätte des Surrey County Cricket-Clubs und seit 1845 der wichtigste Ort in Großbritannien, wenn es darum geht, Cricket zu spielen. Außerdem ist der Oval Cricket Ground eines der bekanntesten Cricket-Stadien der Welt. Da sich das Sport-Stadion im Stadtteil Kennington befindet, wird es häufig als Kennington Oval bezeichnet. Das Gelände, das bis 1845 noch ein Obst- und Gemüsegarten war, gehört dem Herzogtum Cornwall. Ein am 10. März 1845 geschlossener Pachtvertrag ermöglichte die Errichtung eines Cricket-Stadions. Heutzutage finden im Kia Oval Stadion regelmäßig spannende Spiele statt, die man sich anschauen kann. Es werden auch Trainingskurse für Anfänger und Fortgeschrittene angeboten.

Gut zu wissen

Am Pavillonende des Stadions befindet sich eine Kartenverkaufsstelle, die an allen Spieltagen bis eine Stunde vor Spielbeginn geöffnet ist. An Nicht-Spieltagen ist das Ticketoffice geschlossen. Tickets für Cricket-Spiele sind auch online verfügbar (www.kiaoval.com).

Wie kommt man hin?

In der Nähe gelegene U-Bahn-Stationen und Buslinien sind:

- *Vauxhall*
- *Oval*

36, 185, 436 sowie 3, 59, 109, 133, 159, 333

Das Kia Oval ist mit der Londoner U-Bahn am besten erreichbar. Die U-Bahn-Station Vauxhall ist circa zehn Gehminuten vom Stadion entfernt. Von der U-Bahn-Station Oval gelangt man innerhalb von zwei Gehminuten zum Stadion. Außerdem halten die Buslinien 36, 185 und 436 direkt vor dem Stadion. Die Haltestellen der Busse 3, 59, 109 und 133 sowie 159 und 333 sind etwa fünf Gehminuten entfernt. Auf dem Gelände gibt es zahlreiche Möglichkeiten, Getränke und Snacks zu erwerben.

Das Kriegsschiff
HMS Belfast

2h London Mitte

#14

2h

AN BORD DER

HMS Belfast maritime Geheimnisse erkunden

Wer sich schon immer einmal an Bord eines richtigen Kriegsschiffs begeben wollte, kann dies in London tun. Die HMS Belfast, der im Zweiten Weltkrieg größte leichte Kreuzer der Royal Navy, liegt mittlerweile auf der Themse in London vor Anker.

Das berühmte britische Kriegsschiff ist wichtiger Bestandteil des Imperial War Museums. Früher hatte das zur Town-Klasse gehörende Militärschiff die taktische Kennung C35. Nach dem Ende ihrer letzten Mission hat man die HMS Belfast außer Dienst gestellt. 1971 wurde beschlossen, das für Englands Geschichte bedeutende Schiff zu einem Museum umzubauen. Im selben Jahr ging die HMS Belfast als Museumsschiff in London vor Anker. Seitdem haben die Hecktürme des Schiffes mehrfach ihre Ausrichtung gewechselt. Auch die Bugtürme mussten entsprechend angepasst werden, da die dort befindlichen Kanonen auf eine nur 20 Kilometer entfernte Autobahnraststätte zielten. Zum ersten Mal zu Wasser gelassen wurde das Kriegsschiff im Jahr 1936 nach der Fertigstellung durch die Kieler Werft Harland & Wolff. Insgesamt 750 bis 850 Marinesoldaten verrichteten ihren Dienst auf dem 187 Meter langen Schiff. Nur drei Jahre nach der Jungfernfahrt lief die HMS Belfast auf eine deutsche Magnetmine. Die dadurch notwendigen Reparaturen und Umbauten nahmen drei Jahre

Sicht auf die HMS Belfast in der Abenddämmerung

in Anspruch, sodass das Kriegsschiff erst 1942 wieder einsatzfähig war. Bei einem Rundgang an Bord können alle 9 Decks des Schiffes erkundet werden. Man kann im Kapitänsstuhl Platz nehmen und sich an einem interaktiven Spiel beteiligen, bei dem es darum geht, ein abgestürztes und in Seenot geratenes Flugzeug zu retten. Bemerkenswert sind die Maschinen- und Kesselräume im Inneren des ehemaligen Kriegsschiffs. Vom Flag Deck hat man eine tolle Aussicht auf London. Damit Besucher das Leben an Deck nachempfinden können, hat man detaillierte Informationen über das Schiff sowie spannende Erzählungen von Soldaten, die während militärischer Einsätze auf dem Schiff stationiert waren, zusammengetragen. Früher gab es auf der HMS Belfast einen Zahnarzt, eine modern ausgestattete Krankenstation, eine Waschküche und eine Bäckerei. Zum Einsatz kam das Kriegsschiff nach dem Zweiten Weltkrieg unter anderem bei arktischen Konvois, am D-Day sowie beim Koreakrieg. Auch während des Kalten Kriegs 1947 bis 1989 kreuzte die HMS Belfast auf den Weltmeeren.

Gut zu wissen

Das historische Kriegsschiff kann täglich zwischen 10.00 und 17.00 Uhr besichtigt werden (letzter Einlass ist um 16.00 Uhr). Am Eingang erhält man einen Audioguide. Dieser ist im Eintritt (circa 30 Euro pro Person) inbegriffen und ist eine gute Unterstützung, um an alle Informationen zu gelangen. Die Tickets können auch online gebucht werden (www.iwm.org.uk).

Wie kommt man hin?

In der Nähe gelegene U-Bahn-Station und Buslinien sind:

London Bridge

47, 343 und 381

Die am nächsten gelegene U-Bahn-Station ist London Bridge. Außerdem verkehren die Buslinien 47, 343 und 381 bis zu den Haltestellen Abbots Lane und Hay's Galleria. Da in unmittelbarer Umgebung keine Parkmöglichkeiten zur Verfügung stehen, wird die Anreise mit öffentlichen Verkehrsmitteln empfohlen.

#15

2h

Durch den königlichen ST. JAMES'S PARK SCHLENDERN

Direkt gegenüber des Buckingham Palace liegt der fast 23 Hektar große St. James's Park, einer der schönsten von acht königlichen Parkanlagen Londons.

Ursprünglich wurde das Gelände, das der damalige Herrscher Heinrich VIII. im Jahr 1532 erwarb, zur Jagd genutzt. Ende des 17. Jahrhunderts wandelte man das Jagdgebiet auf Anweisung von König Charles II. in einen Park um. Zusammen mit weiteren zentral gelegenen Parks wie dem Green Park, Hyde Park und den Kensington Gardens bildet der St. James's Park die grüne Lunge der britischen Metropole und ist ein beliebtes Naherholungsgebiet. Während die sorgfältig gepflegten Parkanlagen früher ausschließlich der Königsfamilie und dem Adel vorbehalten waren, sind die Londoner Royal Parks mittlerweile für die Öffentlichkeit zugänglich. Tagsüber und bis in die späten Abendstunden sieht man zahlreiche Menschen auf den Parkwegen flanieren. Vormittags marschiert auch ein Teil der für den Wachwechsel am Buckingham Palace bestimmten Garde durch den St. James's Park und mittags von dort wieder durch den Park zurück. Die traditionelle Militärmusik lassen sich viele Briten nicht entgehen, sodass zwischen 10 und 12 Uhr mit höherem Besucherandrang im St. James's Park zu rechnen ist. Am Abend eignet sich der große Park, der aus einer Waldlandschaft mit viel Grünfläche besteht, für romantische Spaziergänge. Mit seinen wunderschönen Grünanlagen und den vielen Parkbänken ist der St. James's Park eine entspannende Rückzugsoase und geeignet, um sich von der Großstadthektik zu erholen. In Nähe des Parks liegen der Buckingham Palace, der St. James's Palace sowie die Horse Guards. Es bietet sich an, die Besichtigung dieser Sehenswürdigkeiten für eine Pause im Park zu unterbrechen. So kann man am Ufer des St. James's Park Sees entspannen, Pelikane und andere Vogelarten beobachten oder das mitgebrachte Sandwich auf einer Wiese sitzend genießen. Mitten im See befinden sich zwei Inseln, West Island und Duck Island, wo circa 17 verschiedene Vogelarten, Enten und Schwäne leben und brüten. Von der Seebrücke aus hat man eine tolle Aussicht auf den Buckingham Palace. Im Park haben sich Spechte, Eulen und Füchse angesiedelt. Vor allem im Herbst sind viele Eichhörnchen, welche die Bäume hinauf- und hinabklettern, zu sehen.

Wichtig zu wissen

Geöffnet ist der St. James's Park täglich ab 5 Uhr morgens bis 24 Uhr. Jeden Tag zwischen 14:30 und 15 Uhr kann man bei der Pelikanfütterung gegenüber von Duck Island Cottage zuschauen. Während der Sommersaison von März bis Oktober gibt es im Park einen Liegestuhlverleih.

Wie kommt man hin?

In der Nähe gelegene U-Bahn-Stationen sind:

- *St. James's Park*
- *Westminster*

Zum St. James's Park gelangt man mit den U-Bahn-Linien. Die nächstgelegenen U-Bahn-Haltestellen sind: St. James's Park und Westminster. Busse des öffentlichen Nahverkehrs halten an der Bushaltestelle Parliament Square, die sich in fußläufiger Entfernung befindet. In Parknähe gibt es verschiedene Parkhäuser, günstiger sind allerdings die öffentlichen Verkehrsmittel.

#16

4h

DIE BRITISCHEN KRONJUWELEN

im Tower of London entdecken

Der Tower of London ist eines der bedeutendsten historischen Bauwerke der Hauptstadt Großbritanniens.

Der befestigte Gebäudekomplex wurde im 11. Jahrhundert am Nordufer der Themse errichtet und diente ursprünglich dem Schutz des Herrschers Wilhelm der Eroberer vor feindseligen Übergriffen. Die Ringburg mit den beiden Festungsringen befindet sich am südöstlichen Ende der heutigen Innenstadt. In früheren Zeiten wurde der Tower of London von den britischen Monarchen als Residenz genutzt. Das Schloss war allerdings auch Waffenkammer und Werkstatt, Münzprägestätte und Museum, sowie Gefängnis und Hinrichtungsstätte. Außerdem waren früher Warenlager, ein Zoo sowie die Garnison des Königs im Londoner Tower untergebracht. Inzwischen ist die Burg schon seit mehr als 600 Jahren für Touristen zugänglich und gilt als die meistbesuchte kostenpflichtige Sehenswürdigkeit in Großbritannien. Zu sehen sind auf einer Gesamtfläche von circa 4,8 Hektar mehrere Museen und Ausstellungen, die sich mit der Geschichte des Towers beschäftigen sowie historische Räumlichkeiten. Im Tower of London wurden zahlreiche berühmte Persönlichkeiten gefangen

Tower of London an einem schönen Sommertag

Tower of London an der Themse

gehalten, darunter Edward V., dessen Bruder Richard of Shrewsbury sowie Anne Boleyn, die Frau des Königs Henry VIII. Auch die Herrscherin Elisabeth I. verbrachte eine gewisse Zeit in Haft im Tower of London. Die berühmt-berüchtigte Herrscherburg ist zudem Schauplatz zahlreicher Dramen und Erzählungen, unter anderem des Werkes von Shakespare „Richard III." sowie von Filmen und Fernsehserien wie Anonymus, Doctor Who und Johnny English. Das besondere Highlight sind die britischen

Kronjuwelen, von denen ein Teil im Tower of London aufbewahrt wird. Die Kronjuwelen-Ausstellung gilt als eine der wertvollsten Schmuck-Sammlungen der Welt. Beim Betreten des Areals fällt ein großer weißer Turm auf. Der in der Mitte des Geländes befindliche Weiße Turm ist der markanteste der Burgtürme und der Namensgeber für den Tower of London. Im Inneren des weißen Turms befinden sich das Waffen- und Rüstungsmuseum Royal Armouries und eine Kapelle.

Die Briten verbinden mit dem Londoner Tower nicht nur königliche Geschichte, sondern auch Mystik und Sagen. So ranken sich zahlreiche Legenden um den Tower of London. Die bekannteste ist die Geschichte der 6 Raben, die besagt, dass Großbritannien dem Untergang geweiht ist, wenn diese Vögel die Burg verlassen. Deshalb wird darauf geachtet, dass sich immer mindestens 6 Raben auf dem Gelände befinden. Seit 1998 zählt der Tower of London zum UNESCO-Weltkulturerbe. Für eine Besichtigung sollte ausreichend Zeit (mindestens 3-4 Stunden) zur Verfügung stehen. Da diese Sehenswürdigkeit sehr beliebt ist, ist es ratsam, einen Besuch am frühen Vormittag zu planen.

Gut zu wissen

Für Besichtigungen geöffnet ist der Tower of London im Winter zwischen Anfang November und Ende Februar von Dienstag bis Samstag zwischen 9 und 16.30 Uhr sowie Sonntag und Montag von 10 bis 16.30 Uhr. Im Sommerhalbjahr zwischen Anfang März und Ende Oktober ist die Burg nachmittags eine Stunde länger zugänglich. Der Tower befindet sich in der Abgasmautzone Londons, sodass für Fahrzeuge eine Gebühr erhoben wird. Da in unmittelbarer Nähe jedoch kaum Parkmöglichkeiten zu finden sind, empfehlen wir die Anreise mit den öffentlichen Verkehrsmitteln. Die nächstgelegene U-Bahnstation ist Tower Hill, außerdem halten Busse der Linie 15 in der Nähe der Festung. Über den Bahnhof an der Fenchurch Street ist der Tower innerhalb weniger Minuten zu Fuß erreichbar.

Wie kommt man hin?

In der Nähe gelegene U-Bahn-Station und Buslinie sind:

Tower Hill

15

#17

4h

VON MUMIEN UND KÖNIGSGRÄBERN

Eine Reise durch das British Museum

Parthenon-Marmore aus der Akropolis in Athen

London besitzt mit dem British Museum eines der bedeutendsten und größten kulturgeschichtlichen Museen der Welt.

Früher gehörte auch das Natural History Museum zum Britischen Museum. Die hohe Anzahl an Ausstellungstücken führte dazu, dass das naturhistorische Museum mittlerweile in einem anderen Gebäude untergebracht und eigenständig ist. Im British Museum sind mehr als 6 Millionen Objekte und Exponate aus aller Welt zu sehen. Die Ausstellungsstücke repräsentieren die menschliche Kultur von der Vorzeit bis zur Gegenwart. Das Britische Museum wurde im Jahr 1759 eröffnet und gilt somit als ältestes ständig existierendes Museum der Welt. Die Idee, ein Museum zu eröffnen, entstand, als die englische Regierung die private Sammlung des Mediziners und Naturforschers Sir Hans Sloane als Geschenk erhielt. Es wurde beschlossen, die Sammlung aufzubewahren und für die Öffentlichkeit zugänglich zu machen. Die Sammlung bestand aus 80.000 Gegenständen, Manuskripten, Büchern und Gemälden aus den Bereichen Medizin und Naturwissenschaften. Zunächst war das British Museum eine größere Bibliothek, bis nach und nach weitere Objekte die Ausstellung ergänzten und das Museum zu einem der bedeutendsten seiner Art machten. Einen entscheidenden Einfluss hatte die Niederlage Kaiser Napoleons in Ägypten. Dieses Ereignis ermöglichte es dem Britischen Museum, den bekannten Stein von Rosetta, dessen Gravuren den Schlüssel zur Entzifferung der Hieroglyphen lieferten, zu erwerben.

Im Laufe der Zeit zog das Londoner Museum mehrmals um, da die Räumlichkeiten durch die sich ständig vergrößernde Ausstellung immer wieder

Haupthalle
British Museum

zu klein wurden. Heute gibt es im British Museum insgesamt zehn Abteilungen mit Schätzen aus aller Welt. Zu den berühmtesten Ausstellungsobjekten zählen neben dem Rosetta-Stein auch 14 ägyptische Mumien und Sarkophage, die aus den Königsgräbern und Pyramiden Ägyptens stammen und einen unschätzbaren Wert haben. Aus Platzgründen sind jedoch nur einige der mumifizierten Körper ägyptischer Könige im Museum ausgestellt. Von der Akropolis aus Athen stammen die Elgin Marbles, wertvolle Fragmente und Skulpturen aus Marmor. Im Besitz des British Museum befinden sich Teile des Frieses vom Parthenon. Ein weiteres berühmtes Ausstellungsstück ist die Standarte von Ur. Auf dem kunstvoll verzierten Holzkasten, der in einem Königsgrab im heutigen Irak gefunden wurde, sind Menschen in Kriegs- und Friedenszeiten abgebildet. Das Mausoleum von Halikarnassos in der Türkei gehörte einst zu den 7 Weltwundern der Antike. Im British Museum sind einige Statuen und Artefakte des Grabmals, welches durch mehrere Erdbeben zerstört wurde, zu sehen. Ein Besuch im Britischen Museum gehört meist zum Pflichtprogramm einer London-Reise. Da die Ausstellungen sehr umfangreich und vielfältig sind sowie großes Interesse wecken, empfehlen wir, für die Besichtigung mindestens einen halben Tag einzuplanen.

4h London Mitte

Gut zu wissen

Das British Museum ist täglich ab 10 Uhr bis abends 17.00 Uhr geöffnet. Am Freitagabend sind die Ausstellungssäle bis 20.30 Uhr zugänglich. An den Weihnachtsfeiertagen ist das Museum geschlossen. Der Eintritt zu den Dauerausstellungen ist kostenlos. Die Dauerausstellung erstreckt sich über 3 Stockwerke und ist in verschiedene Kontinente und Länder unterteilt. Am Eingang erhält man eine Karte mit Lageplänen der einzelnen Abteilungen, die zur Orientierung hilfreich ist.

Mit der Londoner U-Bahn erreicht man das British Museum am besten über die Haltestelle Holborn, die etwa 500 Meter vom Museums-Eingang entfernt ist.

Wie kommt man hin?

In der Nähe gelegene U-Bahn-Station:

Holborn

#18

4h

Von römischen Weinbars
zu britischen Pubs

IN LONDONS TRINK-KULTUR EINTAUCHEN

In London gibt es fast an jeder Straßenecke mindestens ein und meistens sogar mehrere Pubs. Es handelt sich dabei um einen gemütlichen Ort, der in England Kultstatus genießt und für die meisten Briten eine Art „zweites Wohnzimmer" ist.

Dabei ist das Pub keine Erfindung der Neuzeit. Die gemütlichen Kneipen gab es in England bereits vor über 2.000 Jahren. In dieser Zeit hießen die Lokale noch römische Weinbars. Die Römer machten einst das Weintrinken auf der Insel bekannt. Über die Jahrhunderte entwickelte sich daraus eine britische Trinkkultur. Mittlerweile hat das Pub im sozialen Leben der Briten einen festen Platz. Die Bezeichnung „Pub" basiert auf dem Begriff Public House. Damit wurden die für die Öffentlichkeit zugänglichen Häuser beschrieben. Zwischen einer Bar und einem Pub bestehen einige Unterschiede. Ein Pub ist eine Art Restaurant, in dem Bier, Wein sowie andere alkoholische Getränke serviert werden. Früher wurde das Bier in den Pubs selbstgebraut. Mit den Jahren hat sich diese Tradition jedoch geändert, sodass die Biersorten, die dort angeboten werden, meist von britischen Brauereien stammen. Viele Pubs verfügen zudem über separate Essbereiche, wo es deftige Speisen, aber auch internationale Spezialitäten, wie die in Großbritannien beliebten indischen Currys gibt. Eine Bar hingegen ist ein Ort der Begegnung, der sich auf den Getränkeservice spezialisiert hat. In der Regel gibt es in Bars musikalische Unterhaltung, die häufig auf großen TV-Bildschirmen präsentiert wird oder in Form von Live-Musik stattfindet. In London findet man in jedem Stadtviertel eine Vielzahl kleiner und größerer Pubs. Wer sich zum Biertrinken verabreden und die urige Pub-Atmosphäre genießen will, fragt Einheimische nach den besten Adressen. Oft kennen auch Hotelangestellte die Pubs des Viertels und können entsprechende Empfehlungen geben. Falls Sie sich nicht entscheiden können: Einen Besuch wert ist unserer Meinung nach das Pub „The Black Horse„ (www.theblackhorselondon.com). Bekannte englische Biere, die man in den meisten Pubs bekommt, sind beispielsweise Fuller's aus London, die Sorten Wychwood, Greene King und Samuel Smith. In Schottland werden Biere wie BrewDog, Belhaven, Innis & Gunn gebraut.

Wichtig zu wissen

In einem britischen Pub, in dem Getränke an der Bar bestellt werden, wird kein Trinkgeld erwartet. Steht auf dem Tresen ein „tip jar" (Trinkgeldglas), ist es üblich, dort einige Cents oder ein Pfund hineinzuwerfen. Die Öffnungszeiten der Londoner Pubs sind unterschiedlich. Da die Sperrstunde inzwischen deutlich gelockert wurde, kann man bis spät in die Nacht feiern und gesellige Abende im Pub verbringen.

#19

4h

DIE WELLCOME COLLECTION

betrachten und bizarre Exponate entdecken

Bei der Wellcome Collection handelt es sich um eine private Sammlung diverser Kunstwerke.

Das museumsähnliche Gebäude ist eine Mischung aus Kunstgalerie, Büchersammlung, Treffpunkt, Bibliothek mit Leseecke und Freizeitzentrum mit Café und Restaurants. Gegründet wurde die Wellcome Collection von Sir Henry Solomon Wellcome. Der britisch-amerikanische

Pharmazie-Unternehmer und Philanthrop war ein begeisterter Reisender, der von jedem seiner zahlreichen Auslandsaufenthalte Gemälde, Bücher und andere Gegenstände mitbrachte. Besonders interessiert war er an der historischen Entwicklung der Medizin. Zu diesem Thema findet man sehr viele Ausstellungsstücke in der Wellcome Collection. Viele davon sind archivierte Bilder zum Thema Gesundheit.

Die im Jahr 2007 eröffnete Wellcome Collection bietet historische und zeitgenössische Ausstellungen. Im oberen Stockwerk des Gebäudes befinden sich die Abteilungen Medicine Now und Medicine. Man sieht dort Objekte und Artefakte der vergangenen sechs Jahrhunderte. Viele Exponate sind einzigartig, wie zum Beispiel Darwins Gehstock, eine peruanische Mumie sowie eine Magen-Darm-Kamera im Mini-Format, die nicht größer ist als eine Bohne. Außerdem bekommt man einen Roboter, der bereits bei einem Humangenomprojekt zum Einsatz kam, zu sehen. Darüber hinaus beinhaltet die Wellcome Collection zahlreiche interaktive Ausstellungen und Kuriositäten unbekannter Herkunft. Die Wellcome Library bietet Zugang zu einer umfangreichen Büchersammlung, interessanten Manuskripten und Archiven. Die dort archivierten Bilder und Filme beschäftigen sich hauptsächlich mit der Geschichte der Medizin von den ersten wissenschaftlichen Erkenntnissen bis zur Gegenwart. Das Herzstück dieses originellen Museums ist die Sir Henry Wellcome Sammlung medizinischer Kuriositäten. Dort findet man beispielsweise Sägen für Amputationen sowie Zangen, die bei chirurgischen Eingriffen eingesetzt wurden. Außerdem werden Amulette sowie Sexualhilfsmittel aus früheren Jahrhunderten gezeigt. Sehenswert ist auch die Galerie „Being Human", deren provokante Kunstwerke und interaktive Exponate zum Nachdenken anregen. Nach einem Rundgang bietet sich eine Pause im Café des Museums oder ein Bummel durch den Souvenirshop an.

Wichtig zu wissen

Die Galerien sowie die Bibliothek der Wellcome Collection London sind von Dienstag bis Samstag zwischen 10.00 und 18.00 Uhr geöffnet. Der Eintritt ist frei.

Wie kommt man hin?

In der Nähe gelegene U-Bahn-Station:

Euston Square

#20

4h

Die Kult-Doppeldecker

AUF DEN SPUREN DER ROTEN BUSSE

Jahrzehntelang prägten die roten Londoner Doppeldeckerbusse das Straßenbild der britischen Hauptstadt.

An ihren markantesten Merkmalen, der roten Lackierung sowie der Plattform am Heck, waren die Linienbusse schon von Weitem erkennbar. Der erste dieser berühmten „Wahrzeichen auf Rädern" nahm am 8. Februar 1956 seinen Betrieb auf. Für Ordnung während der Fahrt sorgten früher die für den

Fahrkartenverkauf sowie für die Passagiere an Bord zuständigen Wagenschaffner. In den Londoner Doppeldeckerbussen gab es damals einen besonderen, sehr beliebten Service. Fahrgäste, die mit dem Aussteigen nicht bis zur nächsten Haltestelle warten wollten, gingen auf die am Heck befindliche Plattform und sprangen einfach ab. Dadurch konnten häufige Wartezeiten im Londoner Verkehrsgewühl umgangen und das Fahrziel schneller erreicht werden. Die Doppeldeckerbusse galten damals als neuer, moderner Bustyp, der auf zwei Ebenen mehr Menschen Platz bot. Außerdem verfügten die Doppeldecker über Bremskraftverstärker und Servolenkung und waren somit leichter zu steuern als die Vorgängermodelle. Im Jahr 2005 wurden die roten Riesen jedoch ausgemustert, da sie den Ansprüchen nicht mehr genügten und zudem die von der Europäischen Union geforderte Barrierefreiheit nicht erfüllten. Erst 2012 hat man die berühmten Doppeldecker wiederentdeckt und sie in einer modernisierten Form mit niedrigen Einstiegen wieder im Liniendienst eingesetzt. Nostalgische Routemaster-Busse stehen inzwischen nur noch für touristische Strecken zur Verfügung. Zum Einsatz kommen hier ebenfalls modernisierte und sicherere Versionen, die aber nach wie vor über eine Plattform und ein offenes Oberdeck verfügen.

Mit einem Londoner Doppeldeckerbus fahren kann man auf verschiedenen Strecken. Die Busse verkehren als Hop-On Hop-Off Busse, sodass der Zustieg an zahlreichen Haltestellen entlang der Fahrtroute möglich ist. Obwohl diese Bustouren touristischen Zwecken dienen, sind sie eine günstige und zugleich praktische Option, um die Londoner Innenstadt mit ihren vielen Sehenswürdigkeiten zu sehen und bei Bedarf aus- und wieder einzusteigen. In der Regel werden von den im Abstand von 15 bis 30 Minuten verkehrenden Bussen hauptsächlich Routen, an denen sich bekannte Wahrzeichen wie der Buckingham Palace, der Tower of London, Tower Bridge und Westminster Abbey, St. Paul's Cathedral und Trafalgar Square befinden, befahren. Unterwegs gibt es Erklärungen in mehreren Sprachen vom begleitenden Reiseleiter oder über Audioguides.

Gut zu wissen

Tickets für eine Hop-On Hop-Off Bustour findet man auch online (bspw. auf www.city-sightseeing.com). Es gibt mehrere Ticket-Optionen. Bei einigen Ticket-Kategorien ist zusätzlich eine Bootsfahrt auf der Themse inbegriffen (circa 45 Euro pro Person, ohne Bootsfahrt circa 38 Euro pro Person). Dadurch hat man die Möglichkeit, die Londoner Sehenswürdigkeiten vom Fluss aus zu sehen.

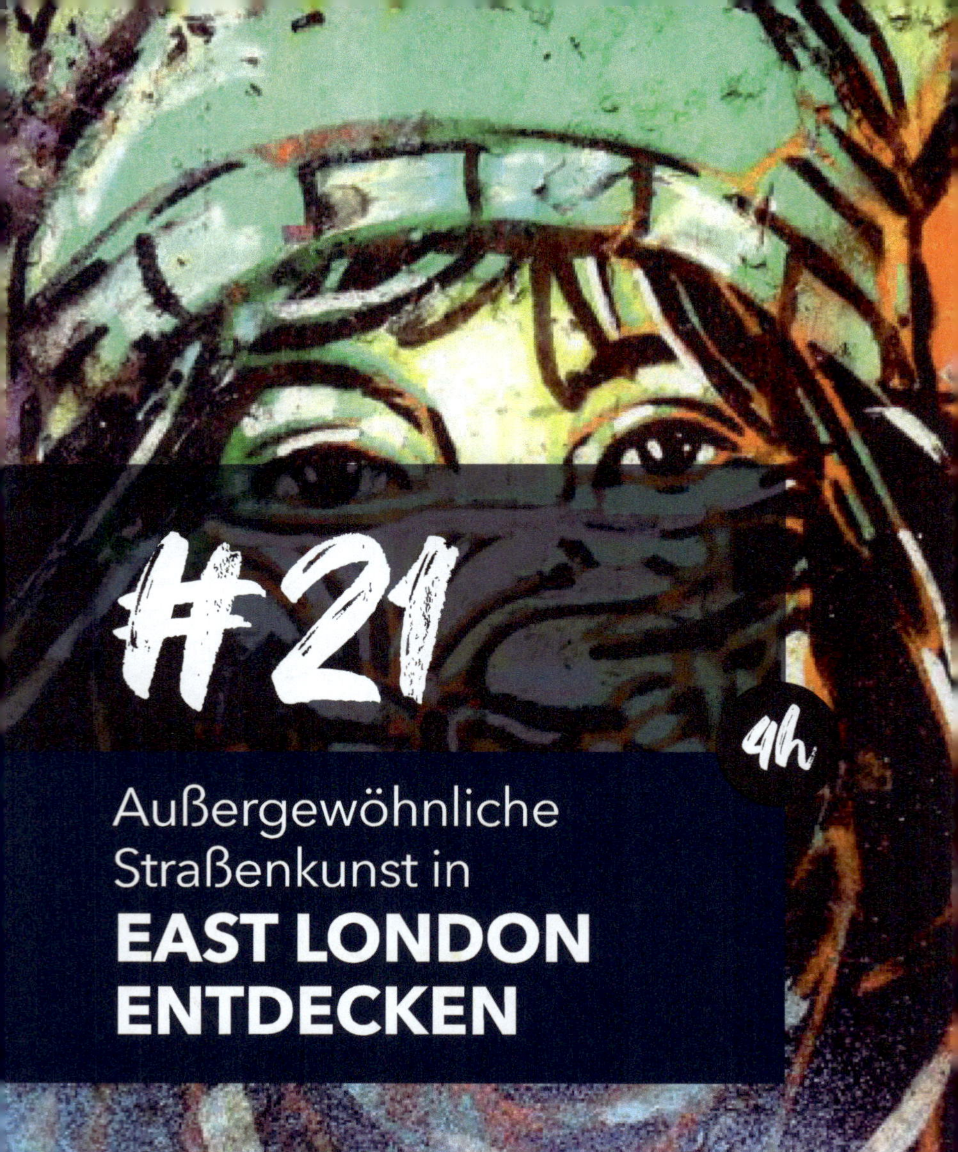

#21

4h

Außergewöhnliche Straßenkunst in **EAST LONDON ENTDECKEN**

Früher war das Londoner East End ein einfaches Arbeiterviertel. Heute gehört vor allem die Brick Lane zu den hippsten Gegenden Londons.

Während sich bis vor einigen Jahren kaum Touristen in diesen Stadtbezirk verirrten, ist das Viertel heute ein beliebtes Ausflugsziel. Bekannt ist East London für originelle und außergewöhnliche Graffiti, die Häuserfassaden, Parkbänke und andere Flächen schmückt. In den Straßen zwischen der Brick Lane und

Shoreditch hat sich eine junge Künstlerszene etabliert. Bei einem Rundgang durch East London sieht man eine Vielzahl von Graffiti-Kunstwerken und Street-Art unterschiedlichster Ausprägung. Zahlreiche Kunst-Galerien und Vintage-Läden haben sich inzwischen in diesem Viertel niedergelassen. Es gibt auch vegane Cafés und günstiger Street Food. Sehenswert sind die Nomadic Community Gardens, die sich unmittelbar an den Bahngleisen befinden. Im Gemeinschaftsgarten sind selbst gefertigte Kunst sowie alternative Ausstellungen zu sehen. Der Nomadic Community Garden ist ein gemeinnütziges Projekt, das auf einer Fläche, die 20 Jahre lang leer stand, gegründet wurde. Ein Team von freiwilligen Helfern verwandelte den brachliegenden Bereich in einen bunten Garten mit insgesamt 160 Kleingartenbeeten. In den Hochbeeten gedeihen die verschiedensten Gemüsesorten. Außerdem befindet sich dort die größte legale Street-Art-Wand Londons sowie eine Galerie und ein Boxstudio.

Die Straßenkunst ist aus diesem Stadtviertel nicht mehr wegzudenken. In den Straßen von East London sind fast überall an Wänden und Mauern bunte Schriftzüge und Figuren zu sehen. Während Graffiti ein Sammelbegriff für unterschiedliche gestalterische Elemente ist, handelt es sich bei Street-Art wirklich um Kunst. An vielen Fassaden befinden sich irritierende und provozierende Kunstwerke. Um die mit Street-Art bedeckten Wände zu finden und die Botschaften der Malereien richtig zu interpretieren, kann man sich einer geführten „Graffiti and Street-Art Tour" anschließen. Es werden mehrere Touren angeboten, die jeweils von einem Guide begleitet werden. Die geführten Rundgänge sind zumeist kostenlos (www.strawberrytours.com bietet bspw. solche kostenlosen Touren online an). Viele Reiseleiter arbeiten auf Trinkgeldbasis. Am Ende einer kostenfreien Tour wird ein kleines Trinkgeld erwartet. Der ideale Ausgangspunkt für einen Besuch im „Straßenkunst-Viertel" ist die Brick Lane. Es lohnt sich, nicht nur die Hauptstraße entlangzulaufen, sondern sich auch die Seitengassen rechts und links anzuschauen. Oftmals findet man in einem unscheinbaren Hinterhof tolle Kunstwerke.

Wichtig zu wissen

Das Stadtviertel East End erreicht man mit der U-Bahn. Die nächstgelegene U-Bahn-Station ist Aldgate East.

Wie kommt man hin?

In der Nähe gelegene U-Bahn-Station:

Aldgate East

#22

4h

LONDON WALL

Der unbekannte Schatz von Londinium

Einst errichteten die Römer um die von ihnen „Londinium" genannte heutige britische Hauptstadt London eine strategische Stadtmauer.

Der London Wall diente dazu, die römischen Eroberer sowie den von ihnen genutzten Hafen an der Themse vor Überfällen zu schützen. Die römische Stadtmauer bildete bis ins Mittelalter die Stadtgrenze von London. Mit dem Bau der London Wall wurde zwischen dem zweiten und dritten Jahrhundert n. Chr.

Statue des römischen Kaisers Trajan vor der London Wall

begonnen. Man geht davon aus, dass die Mauer in den Jahren zwischen 200 und 220 fertiggestellt wurde. Bereits achtzig Jahre zuvor wurde innerhalb der Stadtmauern eine Festung errichtet. Die nördliche und westliche Fassade dieser Burg wurden danach in ihrer Höhe verdoppelt und verstärkt und waren seitdem ein Teil der neuen Stadtmauer. Für die Errichtung der gewaltigen Mauer wurden Steine aus dem Gebiet um Maidstone auf dem Wasserweg nach London transportiert. Die Länge der London

London Wall

Überreste der London Wall

Wall betrug etwa fünf Kilometer, die Höhe circa sechs Meter und die Dicke zwei bis drei Meter. Auf der Außenseite des römischen Verteidigungswalls verlief ein zwei Meter tiefer und etwa drei bis fünf Meter breiter Graben.

Die Errichtung der London Wall gilt als eines der letzten großen Bauprojekte der Römer. Nach dessen Fertigstellung zogen sich die Eroberer schließlich im Jahr 410 aus Britannien zurück. Der alte Stadtwall blieb als Verteidigungswall erhalten. Im heutigen London gibt es auch eine Straße mit dem Namen London Wall. Diese verläuft entlang der alten Stadtmauern zwischen Wormwood Street und der Rotunda Kreuzung. Für die Geschichte Londons und Großbritanniens ist der historische Römerwall von großer Bedeutung. Während des großen Feuers im Jahr 1666 wurde die Altstadt nahezu vollständig zerstört. Zunächst konnten Teile der Stadtmauern sowie die alten Stadttore repariert werden, jedoch begann man in den Jahren ab 1760 mit dem Abriss der römischen Mauern. Nur einige Teilstücke der London Wall blieben erhalten. Die größten Teile sind im Bereich von Tower Hill zu sehen. Kleinere Mauerstücke sind inzwischen im Museum of London sowie im Barbican Estate, einem Wohnkomplex in der City of London, ausgestellt. Weitere Teile der Römermauer hat man in den St. Alphage Gardens, in der Noble Street sowie in Cooper's Row freigelegt. Bei einem Spaziergang durch dieses Viertel entdeckt man die römische Geschichte Londons. Südöstlich der U-Bahn-Station Tower Hill befinden sich Reste der Stadtmauer aus der Römerzeit am Rande einer kleinen Gartenanlage. Der Garten ist über den Weg, der zum Tower Hill führt, erreichbar.

Wichtig zu wissen

Da in unmittelbarer Umgebung kaum Parkmöglichkeiten zu finden sind, wird eine Anreise zum London Wall mit öffentlichen Verkehrsmitteln empfohlen. Die nächstgelegene U-Bahn-Station ist Tower Hill. In der Nähe halten auch viele Buslinien. Eine weitere Option ist der London Wall Walk. Der Spazierweg ist 1,75 Meilen (circa 2,8 Kilometer) lang, folgt der ursprünglichen Linie der Römermauer und führt an weiteren erhaltenen Abschnitten der Stadtmauer vorbei.

Wie kommt man hin?

In der Nähe gelegene U-Bahn-Station:

Tower Hill

#23

4h

Atemberaubende Aussichten und **EXQUISITE KÜCHE IM SKY GARDEN**

In London gibt es eine Vielzahl an Restaurants. Eine besondere gastronomische Erfahrung ist das Speisen im Sky Garden mit einer atemberaubenden Aussicht auf die City.

Seit der Eröffnung im Jahr 2014 sorgt der Wolkenkratzer (Spitzname: Walkie-Talkie) in der Fenchurch Street 20 für Furore. Das rund 160 Meter hohe Hochhaus mit seiner markanten Form beherbergt in den oberen 3 seiner 35 Etagen eine ausgezeichnete Gastronomie. Dazu zählen eine Brasserie, Restaurants sowie ein Café, das sich abends in eine Cocktailbar verwandelt. In der 35. Etage ein Frühstück, Mittagessen, Cocktail

Fantastischer Ausblick vom Sky Garden

oder Dinner zu genießen, bedeutet in mehr als 150 Metern Höhe zu speisen und dabei die Panoramasicht über die Londoner City zu bewundern. Die Aussicht vom Sky Garden ist beeindruckend. Zu sehen ist unter anderem das höchste Gebäude der britischen Hauptstadt. Der Wolkenkratzer The Shard befindet sich am gegenüberliegenden Ufer der Themse. Über Treppen gelangt man zur zweiten Ebene des Himmelsgarten, wo sich die Brasserie und ein Restaurant befinden. Schaut man in dieser Höhe aus dem Fenster, sieht man London aus einer anderen Perspektive. Der Blick reicht bis zum Tower of London, zur Tower Bridge und zum

Sky Garden im Fenchurch Building (The Walkie-Talkie)

Bürogebäudekomplex Canary Wharf. Auf der Westseite sind der Westminster Palace, das London Eye und die Tate Modern Galerie zu erkennen. Von der obersten Etage blickt man Richtung Norden und sieht zwei andere berühmte Gebäude, die beiden Wolkenkratzer, die aufgrund ihrer spezifischen Form von Einheimischen gern als Cheesegrater (Käsereibe) und Gherkin (Gurke) bezeichnet werden.

Der Sky Garden ist ein terrassenförmig angelegter und über Stufen erreichbarer Garten mit verschiedenen Pflanzen. Die Gartenanlage ist Londons höchster öffentlicher Garten. Das Besondere ist allerdings die Aussichtsterrasse, die einen einzigartigen Ausblick über London ermöglicht. Dieser Himmelsgarten ist jedoch nicht ganz unumstritten. Obwohl der Zugang kostenfrei möglich ist, gibt es einen Haken, denn die Tickets müssen vorab reserviert werden und der Zutritt ist streng limitiert. Dadurch ist gewährleistet, dass die Besucherterrasse nie überlaufen ist und man die tolle Aussicht ungestört genießen und schöne Fotos machen kann. Ein Besuch im Sky Garden wird auf der offiziellen Website angemeldet (https://skygarden.london), wo ein Kalender mit den jeweils verfügbaren Daten für die nächsten drei Wochen erscheint. Wenn man den Sky-Garden-Besuch mit einem Cocktail an der Bar oder mit essen gehen verbinden will, besteht die Möglichkeit, online einen Tisch an der Bar oder in einem der Restaurants zu reservieren. Mit der Bestätigung der Tischreservierung besteht automatisch Zutritt zum Sky Garden sowie zur Aussichtsterrasse (innerhalb der Öffnungszeiten).

Gut zu wissen

Mit der U-Bahn (Haltestelle: Monument, Ausgang: Eastcheap Great Tower Street) ist der Sky Garden in der Fenchurch Street 20 im Finanzdistrikt Londons am besten zu erreichen. Der Wolkenkratzer befindet sich direkt neben dem U-Bahnhof. Die Öffnungszeiten des Gartens sind von Montag bis Freitag zwischen 10.00 und 18.00 Uhr sowie am Wochenende von 11.00 bis 21.00 Uhr.

Wie kommt man hin?

In der Nähe gelegene U-Bahn-Station:

Monument

#24

4h

Ein Besuch im Globe Theatre wo Shakespeare GESCHICHTE SCHRIEB

William Shakespeare ist wohl der bedeutendste englische Dramatiker und Lyriker. Die von ihm geschriebenen Komödien und Tragödien zählen zu den wichtigsten Bühnenstücken der Weltliteratur.

Die bekanntesten Dramen des Dichters sind „Romeo und Julia", „Hamlet", „Julius Caesar", „Macbeth" und „König Lear". Komödien wie „Der Kaufmann von Venedig", „Viel Lärm um nichts" oder „Ein Sommernachtstraum" werden heute noch in Theatern auf der ganzen Welt aufgeführt. Das überlieferte Gesamtwerk Shakespeares umfasst 38 Dramen, 154 Sonette sowie epische Versdichtungen.

Beeindruckende Säulen im Globe Theatre

In London werden Shakespeare Theaterstücke im Globe Theatre, einem elisabethanischen Theatergebäude am Südufer der Themse, aufgeführt. Das Theater wurde durch Aufführungen von Shakespeares Werken bekannt und nimmt einen wichtigen Platz in der Theatergeschichte Großbritanniens ein. Bereits im Jahr 1599 wurde das erste, ursprüngliche Globe Theatre erbaut. Im 20. Jahrhundert hat man das Theater, das während einer Aufführung im Jahr 1613 erstmals abbrannte und nach der Renovierung 1644 auf Anweisung der puritanischen Regierung Englands ganz abgerissen wurde, in der Nähe der alten Stelle soweit möglich

Globe Theatre

William Shakespeare

rekonstruiert. Bei der Rekonstruktion orientierte man sich am ursprünglichen Bauwerk und versuchte, das neue Gebäude originalgetreu zu gestalten. Im heutigen Globe Theatre sind daher Eichenbalken verlegt. Bemerkenswert ist, dass das neue Theater ein Strohdach erhielt, obwohl Bedachungen aus Stroh seit dem großen Londoner Brand im Jahr 1666 wegen der großen Brandgefahr verboten waren. Um das Brandrisiko zu minimieren, erhielt das Globe Theatre eine effiziente Sprinkleranlage und einen Blitzableiter.

Das heutige Globe Theatre ist somit ein Nachbau des Theaters in dem im frühen 17. Jahrhundert Shakespeare arbeitete und die von ihm geschriebenen Stücke aufgeführt wurden. Weltweit existieren weitere Nachbauten, die ebenfalls den Namen Globe Theatre tragen, allerdings ist das Londoner Globe Theatre das bekannteste. Besonders beeindruckend ist die von Säulen getragene große Bühne. Das Bauwerk ist achteckig, mit einem offenen Innenraum unter freiem Himmel. Auch beim Originalgebäude waren nur die Logenplätze an den Seiten überdacht. Heutzutage werden im Globe Theatre regelmäßig Werke von William Shakespeare aufgeführt. Zum Repertoire zählen außerdem moderne und originelle Interpretationen alter Klassiker. Bei den Sitzplätzen kann zwischen der überdachten Galerie und dem unbestuhlten Innenraum ausgewählt werden. Die Theatersaison dauert von April bis Oktober. Ebenso wie zur Zeit Shakespeares kommen die Aufführungen ohne Bühnenbild aus. Ein Theaterstück unter freiem Himmel im Globe Theatre anzuschauen ist ein besonderes Erlebnis.

Gut zu wissen

Für die Öffentlichkeit zugänglich ist das Global Theatre London täglich von 10.00 bis 17.00 Uhr. Führungen finden jede halbe Stunde statt, jedoch nur an Tagen, an denen keine Vorstellung geplant ist. In den Räumlichkeiten des Theaters sind oft Wander- und Sonderausstellungen zu sehen. Am Ticketschalter können täglich Karten für eine Theatervorstellung erworben werden. Das Globe Theatre ist circa 10 Minuten zu Fuß von den U-Bahn-Stationen Blackfriars und Mansion House entfernt. In der Nähe des Theaters befinden sich Haltestellen verschiedener Buslinien.

Wie kommt man hin?

In der Nähe gelegene U-Bahn-Stationen sind:

- *Blackfriars*
- *Mansion House*

#25

4h

DURCH DEN SHARK-WALK

laufen im Londoner SEA LIFE Aquarium

Im Londoner Aquarium SEA LIFE tummeln sich große und kleine Fische sowie eine Vielzahl anderer Meeresbewohner.

Das Erlebniszentrum beherbergt auf 3 Ebenen eine der größten Kollektionen von Meereslebewesen in ganz Europa. Dazu zählen mehr als 500 Arten von Fischen, die aus den Meeren der gesamten Welt stammen. Die abenteuerliche Tiefseereise beginnt mit einer Fahrt im Lift. Man steigt in einen Aufzug in Form eines

U-Bootes ein und taucht in die geheimnisvolle Unterwasserwelt ab. Das SEA LIFE Aquarium ist in 14 Themenwelten unterteilt. Dazu zählen die Ray Lagoon, die atlantische Küste mit Fischen des Atlantischen Ozeans sowie der Rockpool Explorer, in dem sich Mikroorganismen befinden, die am Meeresboden leben. Weitere Themenbereiche sind der offene Ozean mit hunderten tropischen Fischarten sowie das Korallenkönigreich, wo Korallen und Anemonenfische zu sehen sind. Im Seepferdchen-Königreich entdeckt man Seepferdchen und im Themenbecken Regenwald-Abenteuer können Amphibien, Reptilien und andere Wasserbewohner des Amazonas-Regenwaldes beobachtet werden.

Außerdem begegnet man Quallen, Pinguinen und sogar Haien. Der Glastunnel „Shark-Walk", wo man Haie von unten zu sehen bekommt, ist eines der Highlights. Man spaziert unter einem Ozean hindurch, während man die Raubfische aus nächster Nähe beobachtet. Es besteht die Möglichkeit, bei täglichen Fütterungen zuzusehen und teilweise aktiv mitzumachen, wenn Pinguine, Oktopusse, Rochen, Seepferdchen und Korallen gefüttert werden. Neben dem Füttern der Stachelrochen gibt es auch Tauchvorführungen, bei denen man zuschauen kann. In Entdeckungszonen und Streichel-Pools kommt man den Meerestieren ganz nahe. Das SEA LIFE Center ist derzeit weltweit das größte seiner Art und spielt eine bedeutende Rolle beim Schutz der Meere sowie ihrer Bewohner. Im Londoner Aquarium beschäftigt man sich mit nachhaltigem Meeresmanagement. Das Ziel besteht in der Erhaltung der Ozeane. Mit Kampagnen und Informationen will man auf die Bedeutung des Umwelt- und Artenschutzes aufmerksam machen. Die Eintrittskarte berechtigt dazu, sich beliebig lange im Aquarium aufzuhalten.

Wichtig zu wissen

Das SEA LIFE Aquarium ist täglich geöffnet. Die Öffnungszeiten sind von Montag bis Mittwoch sowie am Freitag von 10.00 bis 16:00 Uhr, am Donnerstag von 11.00 bis 16.00 Uhr, samstags und sonntags von 10.00 bis 17.00 Uhr. Mit der U-Bahn erreicht man das Aquarium über die U-Bahn-Stationen Westminster und Waterloo. Die Buslinien 12, 53, 59 und 76 sowie 148, 159, 211 und 341 verkehren bis zur Waterloo-Station oder Westminster Bridge.

Wie kommt man hin?

In der Nähe gelegene U-Bahn-Stationen und Buslinien sind:

- *Westminster*
- *Waterloo*

12, 53, 59 und 76 sowie 148, 159, 211 und 341

BLOCKBUSTER BIS KULTKLASSIKER IM British Film Institute entdecken

Ein London-Urlaub ist eine tolle Gelegenheit, wieder einmal einen spannenden Nachmittag oder Abend im Kino zu verbringen.

Das British Film Institute ist jedoch kein gewöhnliches Kino, sondern gilt als Mekka für Filmliebhaber. Das BFI befindet sich an der South Bank, einem Uferstück auf der Südseite der Themse, das gegenüber der City of Westminster liegt. Die Einrichtung wurde im Jahr 1952 als National Film Theatre gegründet und hat sich mittlerweile zu einem der bedeutendsten Programmkinos in Großbritannien entwickelt. Im British Film Institute werden jeden Tag unterschiedlichste Filme gezeigt. Das abwechslungsreiche Filmprogramm reicht von Mainstream-Blockbustern und Remakes bekannter Kultklassiker bis zu Indie-Hits und Neuerscheinungen. Unter den zahlreichen Londoner Programmkinos nimmt das BFI Southbank eine Sonderstellung ein. Wegen seines vielseitigen Programmes, das auch innovative und außergewöhnliche Filmproduktionen berücksichtigt, gilt es als das „Flaggschiff" der Londoner Kinos. Das British Film Institute hat seit der Gründung im Jahr 1933 einen großen Einfluss auf die britische und internationale Filmindustrie. Die staatliche Institution vereint mehrere Einrichtungen unter ihrem Dach, die voneinander unabhängig arbeiten. Ebenso wie das British Film Institute beschäftigen sich auch die anderen Organisationen mit der Verbreitung der Filmkultur. Es wird beispielsweise die Produktion von Filmen gefördert. Regelmäßig organisiert das British Film Institute zudem Workshops zur Ausbildung neuer Drehbuchautoren. Das London Film Festival wird ebenfalls vom britischen Film-Institut ausgerichtet.

Zu den weiteren Aufgaben des Film-Institutes gehören die Konservierung und Restaurierung von Filmmaterialien sowie die Aufbewahrung filmverbundener Materialien wie Fotos, Poster und Schriftgut. Es gibt eine für die Öffentlichkeit zugängliche Bibliothek. Eine pädagogische Abteilung beschäftigt sich mit der Vorbereitung für Unterrichtsfächer wie Filmgeschichte, Filmtheorie und Filmästhetik. Im BFI-Gebäude befinden sich eine Bar sowie ein Restaurant, in dem köstliche Mahlzeiten serviert werden. Im Restaurant am Flussufer treffen sich häufig Filmschaffende und Kinobesucher, um sich bei einem Glas Wein oder einem leckeren Menü über die neuesten Filme zu unterhalten.

Gut zu wissen

Die Mediathek des British Film Institute ist von Dienstag bis Sonntag jeweils von 11.00 bis 21.00 Uhr geöffnet. Tickets für Kinovorstellungen erhält man an der Abendkasse täglich zwischen 11.00 und 20.45 Uhr. Die Kinokasse ist bis etwa 10 Minuten nach der letzten Vorstellung geöffnet. Am besten ist das britische Film Institute mit der U-Bahn erreichbar. Die nächstgelegenen U-Stationen sind Waterloo sowie Embankment und Charing Cross.

Wie kommt man hin?

In der Nähe gelegene U-Bahn-Stationen sind:

- *Waterloo*
- *Embankment*
- *Charing Cross*

#27

4h

PICCADILLY CIRCUS

Wo Lichter, Liebe und Luxus aufeinandertreffen

Piccadilly Circus in London ist die bekannteste Straßenkreuzung Großbritanniens.

Der Platz im Londoner West End wurde 1819 fertiggestellt und diente ursprünglich dem Zweck, die Regent Street besser mit der Piccadilly Street zu verbinden. Bekannt ist der Piccadilly Circus vor allem für seine riesigen Leuchtreklametafeln. Der Eros-Brunnen in der Mitte des Platzes ist ein beliebter Treffpunkt für Liebespaare und ein tolles Fotomotiv. Seit Langem ist der Piccadilly Circus Platz eines der Wahrzeichen der britischen Hauptstadt. Dort befindet sich auch die Einkaufspassage London Pavilion. Das Einkaufzentrum, das früher eine Musikhalle und eine Zeit lang sogar ein Kino war, bietet heute Läden mit einem vielfältigen Warenangebot an.

Piccadilly Circus

Ebenfalls am Piccadilly Circus gelegen ist das Criterion Theatre, eines der bekanntesten Londoner Theater, das bereits im Jahr 1874 eröffnete. Das Gebäude fasziniert durch seinen eigenwilligen Baustil, der von außen einer Litfaßsäule oder einem Zeitungskiosk gleicht. Dabei handelt es sich um den Ticketschalter des Theaters, denn die eigentlichen Theaterräume verteilen sich unterirdisch auf 3 Etagen. Rund um den Piccadilly Circus liegen zahlreiche Boutiquen, größere und kleinere Geschäfte sowie Pubs, Restaurants, Theater und Kinos. Der Platz ist ein idealer Ausgangspunkt für einen Shoppingbummel in der Londoner Innenstadt, für einen Restaurantbesuch oder einen unterhaltsamen Theater- oder Kinoabend. London ist eine der interessantesten Metropolen zum Shoppen von

Eros-Statue am Piccadilly Circus

Bekleidung, Schuhen und Accessoires. Britische und internationale Luxusdesigner haben ihre Boutiquen im Innenstadtbereich. In Einkaufsstraßen wie der Regent Street oder der Oxford Street entdeckt man Vintage-Läden, bekannte Marken und Mode aller Preisklassen. Teure Geschäfte haben sich hauptsächlich in der Regent Street, einer der ersten Einkaufsadressen in London, niedergelassen. An einem Ende dieser von eleganten Läden gesäumten Straße befindet sich das Luxuseinkaufshaus Liberty. Weitere Luxusmarken findet man in der Bond Street in der gehobenen Mayfair-Gegend. Mittelpunkt des Einkaufsviertels ist die Oxford Street mit mehr als 300 Geschäften und Warenhäusern. Dazu zählen auch Filialen zahlreicher bekannter Handelsketten. Herrenausstatter, die immer noch für ihre erlesene Kundschaft Kleidung nach Maß anfertigen, sind in der Jermyn Street zu finden.

Wichtig zu wissen

In der Londoner Innenstadt sind die Geschäfte meist ab 9 oder 10 Uhr und bis 17 oder 17.30 Uhr geöffnet, am Donnerstagabend auch länger. Viele Läden sind auch am Sonntag offen. An öffentlichen Feiertagen, die man in Großbritannien „Bank Holidays" nennt, bleiben Kaufhäuser und Boutiquen sowie Banken und Museen geschlossen. Mit der U-Bahn gelangt man am besten in das Einkaufsviertel der Innenstadt. Steigt man an der U-Bahn-Haltestelle Piccadilly Circus aus, befindet man sich bereits mitten in einer beliebten Shopping-Gegend.

Wie kommt man hin?

In der Nähe gelegene U-Bahn-Station:

Piccadilly Circus

#28

4h

Zwischen Lampions und leckerem Essen

ERLEBE LONDONS CHINATOWN

Eingangstor Chinatown

Spezielle Eiswaffeln in Chinatown

China-Restaurants, bunte Lampions und fernöstliches Flair prägen die Londoner Chinatown, die sich zwischen Leicester Square und Soho befindet.

Im Vergleich mit anderen Metropolen ist die Chinatown in London zwar eher klein, dennoch ist es ein pulsierendes Viertel, in dem es viel zu entdecken gibt. Im chinesischen Viertel findet man eine Vielzahl authentischer asiatischer Restaurants, die chinesische Küche günstig anbieten. In den Supermärkten kann man sich mit Zutaten versorgen, wenn man selbst eine chinesische Mahlzeit kochen oder ein neues Rezept ausprobieren will. Die Londoner Chinatown ist ein beliebter Publikumsmagnet. Das Stadtviertel dehnt sich von der Rupert Street bis zur Shaftesbury Avenue und vom Newport Place bis zur Lisle Street immer weiter aus. Vor einigen Jahrzehnten befand sich das erste Chinatown in London im Stadtteil Limehouse in der Nähe der Docklands. Nachdem dieses Viertel im Zweiten Weltkrieg größtenteils zerstört wurde, zog die asiatische Kommune nach Soho um. Das im Herzen der britischen Metropole gelegene Stadtviertel beherbergt das aktuelle Chinatown mit zahlreichen Restaurants, Bars, Geschäften und Supermärkten. Im Jahr 1985 organisierten Einwanderer aus China zum ersten Mal einen chinesischen Neujahrsfestumzug. Seitdem findet jedes Jahr am chinesischen Neujahrstag, der nach dem chinesischen Lunisolarkalender berechnet wird, ein festlicher Umzug statt. Inzwischen nehmen Menschen aus aller Welt in bunten Kostümen an der farbenfrohen Neujahrsparade teil. Ein Besuch in Chinatown ähnelt

Bunte Lampions prägen die Londener Chinatown

einem Ausflug in eine andere Welt. Riesige Menükarten in chinesischer (und englischer) Sprache vermitteln fernöstliche Atmosphäre. Viele Restaurants bieten ihre landestypischen Köstlichkeiten unter dem Motto „all you can eat" an. Dadurch hat man die Möglichkeit, verschiedene Speisen zu probieren. In den zahlreichen Souvenirläden findet man im umfangreichen Warenangebot sicher ein Mitbringsel für Familie und Freunde. Dabei muss es sich nicht unbedingt um die beliebten winkenden Katzen, die in asiatischen Ländern als Glücksbringer betrachtet werden, handeln. Auch Seidenroben oder elektronische Kleingeräte sind in Chinatown oft zu günstigen Konditionen zu finden.

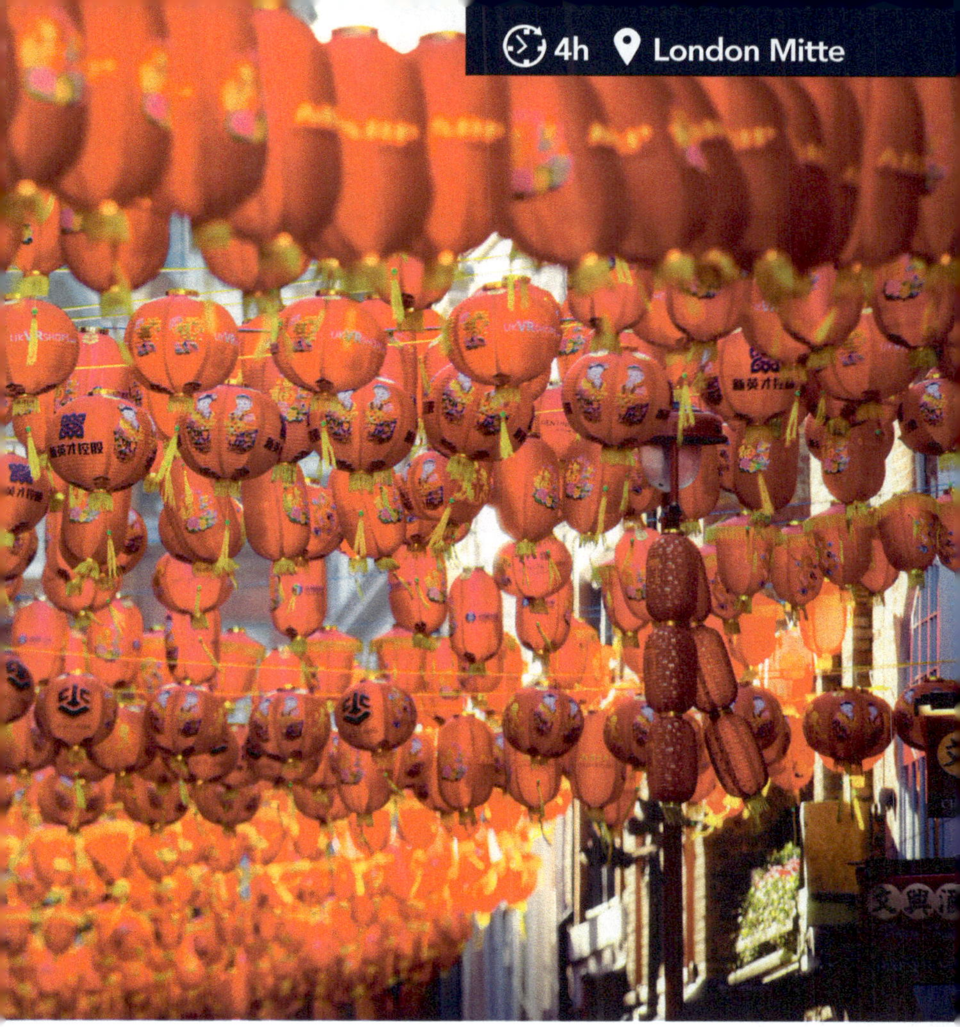

Gut zu wissen

Die Chinatown in London ist mit der U-Bahn am besten erreichbar. Die nächstgelegenen U-Bahn-Stationen sind Leicester Square und Piccadilly Circus. Von dort aus gelangt man innerhalb weniger Gehminuten in das chinesische Viertel.

Wie kommt man hin?

In der Nähe gelegene U-Bahn-Stationen sind:

- *Leicester Square*
- *Piccadilly Circus*

#29

4h

Erkunde Londons schönste Ecken mit **MIT DEM FAHRRAD**

Eine Fahrradtour ist eine ideale und umweltfreundliche Möglichkeit, sich London anzuschauen und dabei auch die Dinge zu entdecken, die man sonst nicht zu sehen bekommt.

Mit dem Fahrrad ist man in London unabhängig und spart zudem noch Transportkosten. Das Radfahrnetz in der britischen Hauptstadt ist gut ausgebaut und wurde in den vergangenen Jahren enorm verbessert. Seitdem gibt es mehr Radfahrwege. Außerdem hat man in London ein öffentliches Fahrradverleihsystem, das sogenannte Santander Cycles, in Betrieb genommen. Inzwischen stehen mehr als 5.000 Fahrräder an insgesamt 315 Stationen im Londoner Stadtgebiet zur Verfügung. Wegen des hohen Verkehrsaufkommens ist es ratsam, umsichtig zu fahren. Um von anderen Verkehrsteilnehmern gesehen zu werden, wird empfohlen, reflektive Kleidung zu tragen.

Interessante Tourenvorschläge zum Fahrradfahren in London und Umgebung sind Radtouren entlang der Themse sowie Ausflüge nach Greenwich und Richmond. An der Themse gibt es einige verkehrsfreie Abschnitte, die ideal zum Radfahren geeignet sind. So kann man auf einem Fahrradweg entlang der Themse bis nach Greenwich radeln. Auf der Strecke ist nur mit wenig Verkehr zu rechnen. Die Route verläuft bis nach Island Gardens, wo der unterirdische Greenwich Foot Tunnel durchquert wird, um auf die andere Seite des Flusses zu gelangen. Man kann durch den Greenwich Park spazieren, sich bei dieser Gelegenheit das Royal Observatory anschauen und die tolle Aussicht auf London genießen. Für diesen Fahrradausflug sollte mindestens ein halber Tag eingeplant werden. Eine weitere Fahrradroute, die durch hügelige Landschaften führt, ist die Tour nach Richmond. Das an der Themse gelegene Stadtviertel im Südwesten Londons ist etwa 13 Kilometer vom Stadtzentrum entfernt. In Richmond befinden sich die Kew Gardens, das Arboretum, der Kew Palast und der Richmond Park, ein beliebter Ort zum Picknicken. Bei einem ganztägigen Radausflug ist genügend Zeit, um sich alles anzuschauen, das mitgebrachte Picknick im Richmond Park zu genießen oder eine Mittagspause in einem der vielen Restaurants im Stadtviertel Richmond zu machen.

Gut zu wissen

Fahrräder für kurze Strecken innerhalb von London können über das öffentliche Fahrradverleihsystem Santander Cycles angemietet werden. Nach der Anmeldung im System erhält man einen Aktivierungsschlüssel. Auch Kurzzeitabonnements sind möglich. Räder und Mountainbikes für ganztägige Ausflüge oder Strecken außerhalb der Hauptstadt findet man bei zahlreichen Fahrradverleihunternehmen in jedem Londoner Viertel. Es empfiehlt sich, das Fahrrad bei Übernahme zu überprüfen, um sicherzustellen, dass beispielsweise Bremse und Beleuchtung funktionieren. Alternativ bietet es sich an, an einem geführten Fahrradausflug durch London teilzunehmen. Es werden kürzere und längere Fahrradtouren angeboten, die teilweise mit Besichtigungen berühmter Sehenswürdigkeiten verbunden sind. Dabei lernt man zugleich einige schöne Fahrradstrecken kennen (mehr Informationen auf www.londonbicycle.com).

LONDON OSTEN

Einfach QR-Code scannen und Google Maps Karte ansehen
Oder via Direktlink: <u>www.gamikaze.ch/maps/london</u>

2h

30 Auf Augenhöhe mit dem goldenen Hahn im Tottenham Hotspur-Stadion

31 Mühlenzauber in London - Die faszinierende Upminster Windmill

32 Neon-Nirvana - In die verrückte Welt von God's Own Junkyard eintauchen

33 Meisterwerk der Barockarchitektur - Das Old Royal Naval College

4h

34 Die längste Tunnelrutsche der Welt hinabrutschen und Stratford entdecken

35 Einen der größten Schaubauernhöfe Europas entdecken

36 Originelles Spielzeug für Kinder bestaunen im Museum of Childhood

37 Sterne und Planeten erleben im Royal Observatory Greenwich

8h

38 Im Epping Forest wandern und Vögel beobachten

Bis zum goldenen Hahn nach oben beim Dare Skywalk Climb

#30

2h

Auf Augenhöhe mit dem goldenen Hahn im TOTTENHAM HOTSPUR-STADION

Eine spannende Aktivität für mutige, abenteuerlustige London-Besucher ist der Dare Skywalk Climb am Tottenham Hotspur-Stadion.

Bei einer organisierten Tour kann man am Dare Skywalk-Erlebnis teilnehmen. An Wochentagen stehen mehrere Startzeiten zur Verfügung. Nachdem man sich für eine Startzeit entschieden hat, begibt man sich auf den Weg zum Tottenham-Hotspur-Stadion. Das Fußballstadion befindet sich im nordöstlichen Londoner Stadtteil Tottenham und ist seit 2019 wieder die Heimspielstätte des Fußballvereins Tottenham Hotspur. Auf der obersten Ebene des Stadions befindet sich auf einer Höhe von 47 Metern über dem Straßenniveau ein gläserner Laufsteg. Spätestens dort ist die Sicherheitsausrüstung, die auch Sicherheitsgurte umfasst, anzulegen. Die Klettererfahrung auf dem The

Dare Skywalk Climb beginnt schon mit dem Check-in im Basecamp. Dort wird man von einem Kletterführer erwartet, der umfassend über die spannende Klettertour informiert. Anschließend erhält man einen Kletteranzug und die Sicherheitsausrüstung. Gemeinsam läuft man über den Fußballplatz bis zum Glasweg. Dann geht es darum, das Dach des Fußballstadions zu erklimmen und den legendären goldenen Hahn zu erreichen. Auf dem steilen Weg in die Höhe hat man einen atemberaubenden Blick auf London. Höhenangst sollte man allerdings nicht haben, denn der Skywalk Climb besteht ganz aus Glas und ermöglicht einen tollen Ausblick nach unten. Bei einer organisierten Tour wird man oben von einem professionellen Fotografen erwartet, es besteht aber auch die Möglichkeit, auf der Aussichtsplattform selbst Fotos zu machen. Anschließend steigt man wieder zum Basecamp ab. Die vom Profi-Fotografen gemachten Aufnahmen können im Tottenham Experience Shop angesehen und auch erworben werden. Für Besucher, denen das Klettern auf das Stadiondach zu aufregend ist, bietet sich eine Führung durch das Tottenham-Hotspur-Stadion an. Bei einem Rundgang kann man einen Blick hinter die Kulissen werfen, die Umkleidekabinen der ersten Mannschaft und andere Einrichtungen besichtigen. Man erfährt, wie das Fußballstadion gestaltet ist, kann sich in der Sportanlage umsehen sowie in die Bunker und durch den Tunnel laufen.

Wichtig zu wissen

Sowohl der Skywalk Climb als auch Stadionführungen sind organisierte Touren, die vorab gebucht werden müssen. Das Klettern auf das Stadiondach ist für Erwachsene ohne Höhenangst sowie für Kinder ab 8 Jahren (in Begleitung eines Erwachsenen) geeignet und erfordert eine gute Fitness (Kosten ca. 30-35 Euro pro Person, mehr Infos auf: experience.tottenhamhotspur.com). Sicherheitseinweisung und Kletterausrüstung sind inbegriffen. Die Stadionführung ist grundsätzlich für alle geeignet. Die Öffnungszeiten des Tottenham-Hotspur-Stadions sind von Montag bis Freitag von 10.30 bis 15.30 Uhr sowie am Samstag von 10.00 bis 16.30 Uhr und sonntags von 10.00 bis 15.45 Uhr. Innerhalb dieser Zeit finden Klettertouren und Stadionführungen statt. An Spiel- und Veranstaltungstagen ist das Stadion für Führungen und Kletterausflüge geschlossen.

Wie kommt man hin?

In der Nähe gelegene U-Bahn-Station:

White Hart Lane

Die alte Upminster Windmill

#31

2h

MÜHLENZAUBER IN LONDON

Die faszinierende Upminster Windmill

Windmühlen sind besondere technische Bauwerke. Sie werden durch ein Flügelrad, das vom Wind in Drehung versetzt wird, angetrieben.

Genau genommen ist eine Windmühle eine umweltschonende Einrichtung, da sie dazu dient, die im Wind enthaltene kinetische Energie als mechanische Energie nutzbar zu machen. Bevor die Dampfmaschine erfunden wurde, hat man in Großbritannien ähnlich wie in anderen europäischen Ländern die

Windmühle als Mahlmühle, als Pump- oder Schöpfwerk sowie zur Bearbeitung von Werkstoffen eingesetzt. Eine der ältesten Mühlen des Landes ist die Upminster Windmill. Die denkmalgeschützte Kittelmühle befindet sich in Upminster. Das Viertel zählt zum Londoner Stadtteil Havering. Seitdem die Upminster Windmill nicht mehr in Betrieb ist, hat man die historische Windmühle restauriert und in ein Museum umgewandelt. Die Mühle beeindruckt durch ihre besondere Bauweise. Sie besitzt eine schiffsförmige Haube, die von einem sechsblättrigen Windrad angetrieben wird. Vier Patentsegel werden von einer gusseisernen Windwelle getragen. Als die Upminster Windmill als Windmühle genutzt wurde, wurden vier Paare von Mühlsteinen durch den Wind angetrieben. Die achteckige, gusseiserne Windwelle hat zwei quadratische Abschnitte. Diese können jeweils ein Kopf- und ein Spornrad aufnehmen, wie es früher bei einer Postmühle üblich war. Die Upminster Windmill war zunächst eine Postmühle, die bei Maldon in der Grafschaft Essex stand. Im Jahr 1899 wurde sie wegen eines im Sturm zerbrochenen Rades nach Upminster verlegt. Dort sollte das Mühlenrad repariert werden. Seitdem befindet sich die Mühle auf dem Windmill Field, einer kleinen Freifläche an der St Mary's Lane. Ursprünglich bestanden die Segel der Upminster Windmill aus Segeltuch. Als die Mühle jedoch ihren Betrieb einstellte, wurde sie mit vier doppelten Patentsegeln ausgerüstet. In der im Jahr 1803 von James Nokes errichteten Upminster Windmill wurde mehr als 130 Jahre lang das Mehl für die Bewohner von Upminster produziert. Auch heute noch ist die historische Windmühle das weithin sichtbare Wahrzeichen dieses inzwischen zu London gehörenden Stadtviertels. Um die Restaurierung der hölzernen Mühlenanlage kümmert sich der Upminster Windmill Preservation Trust. Von der Spitze der Windmühle aus hat man einen tollen Ausblick auf Canary Wharf und den Sender Crystal Palace.

Gut zu wissen

Für die Öffentlichkeit zugänglich ist die Mühle an jedem ersten und dritten Wochenende eines Monats. Nach Voranmeldung werden Besichtigungen für Schulklassen und andere Gruppen ermöglicht. In regelmäßigen Abständen finden Tage der offenen Tür sowie Veranstaltungen auf dem Mühlengelände statt. Der Eintritt und die Führungen sind kostenfrei, allerdings sind Spenden immer willkommen.

Wie kommt man hin?

In der Nähe gelegene U-Bahn-Stationen sind:

- *Upminster Bridge*
- *Upminster*

#32

2h

NEON-NIRVANA

In die verrückte Welt von God's Own Junkyard eintauchen

Als God's Own Junkyard, übersetzt „Gottes eigener Schrottplatz" bezeichnet sich eine originelle Kunstgalerie im Norden Londons.

In den Räumlichkeiten einer zum Museum umfunktionierten Lagerhalle im Stadtteil Walthamstow sind Neonbeleuchtungen in vielen Dimensionen und Farben zu sehen. Die Neonbeleuchtungen stammen teilweise aus dem Zirkus oder aus Sex-Shops. Kitschige Weihnachtsbeleuchtung befindet sich neben alten

Hinweisschildern. Neben bunten Neonlichtern und Glühbirnen gibt es auch andere originelle Werke. Die bei Insidern als legendärer Ort bekannte Galerie entstand vor über 40 Jahren. Gründer ist der als „Neon-Mann" bezeichnete Künstler Chris Bracey. Die Anfänge des Neon-Projektes gehen allerdings auf dessen Vater Richard Bracey zurück. Der aus Monmouthshire stammende walisische Bergarbeiter zog auf der Suche nach neuen Herausforderungen nach London. Da er als Minenarbeiter das Arbeiten im Dunkeln gewohnt war, gründete er im Jahr 1952 das Unternehmen „Electro Signs". Die von Mr. Bracey Senior entwickelten Schilder beleuchteten zahlreiche Londoner Clubs und wurden darüber hinaus im gesamten Südosten Englands als Lichtquellen für Stripclubs, Cafés und Jahrmärkte verwendet.

Der heutige Inhaber von God's Own Junkyard, Chris Bracey, begann seine künstlerische Karriere als Grafikdesigner in den 1970-er Jahren, indem er im Geschäft seines Vaters Neon-Schilder für Stripbars und Bordelle im Londoner Rotlichtbezirk Soho anfertigte. Inzwischen hat sich God's Own Junkyard zu einer der größten Sammlungen von Neonschildern in ganz Europa entwickelt. Die meisten Schilder in knalligen Farben sind Unikate, die sonst nirgendwo zu finden sind. Einige der Neonschilder aus der Kunstgalerie dienten sogar als Deko-Objekte in Hollywood-Filmen. In God's Own Junkyard können Schilder in unterschiedlichen Designs erworben oder gemietet werden. Die ehemalige Fabrikhalle ist Schilder-Shop, Kunstgalerie und Neonmuseum zugleich. Es gibt auch ein Café, in dem man unter Neonlicht Getränke genießen und sich unterhalten kann. Die Galerie beherbergt originelle, skurrile und spektakuläre Neonbeleuchtungen aus mehreren Epochen.

Gut zu wissen

Geöffnet ist God's Own Junkyard von Montag bis Freitag zwischen 9.00 und 17.00 Uhr. An den Wochenenden öffnet die Galerie häufig von 11.00 bis 18.00 Uhr oder sogar 22.00 Uhr. Da sich diese Öffnungszeiten abhängig von den regelmäßig dort stattfindenden Events spontan ändern können, empfehlen wir, sich zuvor auf der Website nochmals zu informieren (www.godsownjunkyard.co.uk).

Wie kommt man hin?

In der Nähe gelegene U-Bahn-Station:

Walthamstow Central

#33

2h

Meisterwerk der Barockarchitektur - Das **OLD ROYAL NAVAL COLLEGE ENTDECKEN**

Das Old Royal Naval College im Londoner Vorort Greenwich ist eines der bedeutendsten Barockbauwerke in England. Seit 1997 gehört das historische Gebäude zum UNESCO-Welterbe.

Beeindruckend präsentiert sich die riesige Halle des Old Royal Naval College, die vom Boden bis zur Decke kunstvoll bemalt ist. Eingerichtet mit wertvollen Möbeln und Deko-Objekten im Barockstil ist die ehemalige Marineakademie eine wahre Fundgrube für Kunstliebhaber. Das vom britischen Astronomen und Architekten Christopher Wren entworfene Bauwerk war bereits in verschiedenen Filmen, beispielsweise in „Vier Hochzeiten und ein Todesfall" und „Thor - The Dark Kingdom" zu sehen. Das architektonische Meisterwerk sollte

Das Old Royal Naval College

eigentlich ursprünglich ein Königspalast werden. Da König Wilhelm III. jedoch an Asthma litt und die maritime Lage des Gebäudes seiner Gesundheit nicht zuzumuten war, wurde der geplante Palast kurzerhand in ein Hospital für verwundete Seeleute der Royal Navy umgewandelt.

Gegen Ende des 18. Jahrhunderts leben circa 2.000 Pensionäre in dem Gebäude, das inzwischen als Alters- und Pensionsheim diente. Ab 1873 wurden die Räumlichkeiten vom Royal Naval College genutzt, das sich bis zum Ende des 20. Jahrhunderts dort befand. Mittlerweile ist der Gebäudekomplex ein Teil der Universität Greenwich. Die Lage an der Themse machen die prunkvolle Anlage zu einem interessanten Ausflugsziel. Zum Old Royal Naval College gehören

Säulen des
Old Royal Naval College

Das Discover Greenwich Visitor Centre

eine majestätische Halle, eine Kapelle sowie das neu errichtete Discover Greenwich Visitor Centre. Für Besucher sind die klassizistische Kapelle mit ihrem typischen Rokoko-Interieur und die Painted Hall zugänglich. Die Kapelle im Queen-Mary-Building ist für ihre Orgelmusik und ihre besondere Akustik bekannt. In der berühmten Painted Hall, die ihren Namen den barocken Wandmalereien verdankt, wurde Admiral Lord Nelson feierlich aufgebahrt, nachdem er in der Schlacht von Trafalgar ums Leben gekommen war.

Gut zu wissen

Das Discover Greenwich Visitor Centre ist täglich von 10.00 bis 17.00 Uhr geöffnet. Es finden regelmäßig Veranstaltungen statt, an denen auch Besucher teilnehmen können. Zwischen London und Greenwich verkehren Züge der Docklands Light Railway (DLR). Die Zugfahrt dauert durchschnittlich 18 Minuten.

ArcelorMittal Orbit

#34

4h

Die längste Tunnelrutsche der Welt hinabrutschen **UND STRATFORD ENTDECKEN**

Sicht auf den Olympischen Park

In Stratford, einem im Osten Londons gelegenen Vorort, befindet sich der Olympische Park. Das Parkgelände wurde anlässlich der Olympischen Sommerspiele in London 2012 errichtet.

Eine tolle Gelegenheit, das Stadtviertel um den Olympischen Park zu entdecken, ist der Olympic Walk. Ein Spaziergang auf diesem Trail dauert circa zwei Stunden. Im Park sind Skulpturen und andere Kunstwerke zu sehen und es besteht die Chance, auf einem Siegertreppchen zu stehen. Nähert man sich dem Queen Elizabeth Olympic Park, ist bereits von Weitem ein roter Turm aus verdrehtem Metall zu sehen. Der ArcelorMittal Orbit ist die längste und zugleich höchste Tunnelrutsche der Welt. Die Riesenrutsche wurde vom belgischen Künstler Carsten Höller entworfen. Mit einem Aufzug gelangt man zur Spitze der Tunnelrutsche in einer Höhe von 114,5 Metern. Dort befindet sich eine Aussichtsplattform mit großen, von der Decke bis zum Boden reichenden Fenstern. Der Blick auf London und die ehemaligen Austragungsorte der Olympischen Spiele aus der Vogelperspektive ist einmalig. Die Abfahrt über die riesige Rutsche dauert nur 40 Sekunden. Mit einer Geschwindigkeit von circa 15 km/h wird man wieder hinunterbefördert.

Vor der Sommer-Olympiade war Stratford ein unansehnlicher Stadtbezirk und bei Touristen größtenteils unbekannt. Regierung und Stadtverwaltung investierten viel Zeit und Geld in die Renovierung und Modernisierung dieses Stadtviertels, um den

Sportlern sowie den Besuchern der Olympischen Spiele 2012 ein angenehmes Erlebnis zu bieten. Mittlerweile ist der östliche Teil der britischen Hauptstadt auch für Besucher interessant, die London erleben und sich in angesagten Boutiquen und Galerien umschauen wollen. Mit mehr als 250 Geschäften und 70 Restaurants ist die Westfield-Stratford-City-Mall mittlerweile das größte Einkaufszentrum Europas. In der Shopping-Mall findet man neben vielfältigen Einkaufs- und Speisemöglichkeiten auch eine Luxus-Bowlingbahn sowie ein großes Kino mit 17 Sälen. Der neue Osten der Stadt ist ein hippes Viertel mit einer langen Geschichte. Anhand von Stadtführungen und beim Besuch der zahlreichen Museen kann man sich einen Überblick über die historische Bedeutung dieses typischen Londoner Viertels verschaffen. Pubs für eine Pause zwischendurch findet man in Stratford beinahe überall.

Olympische Spiele 2012

Gut zu wissen

Das Westfield-Stratford-City Einkaufszentrum ist täglich (außer sonntags) von 10.00 bis 21.00 Uhr geöffnet. Am Sonntag öffnet die Shoppingmall von 12.00 bis 18.00 Uhr. Die meisten der Restaurants und Bars sind sogar bis Mitternacht offen. Die Aussichtsplattform und Tunnelrutsche ArcelorMittal Orbit ist montags bis donnerstags von 11.00 bis 17.00 Uhr sowie freitags bis sonntags von 10.00 bis 18.00 Uhr zugänglich. Zwischen London City und dem Vorort Stratford bestehen regelmäßige Eisenbahn-Verbindungen. Von der Haltestelle Stratford sind es nur wenige Gehminuten zum Olympiapark und zum Einkaufszentrum.

#35

Einen der größten

SCHAUBAUERN-HÖFE EUROPAS ENTDECKEN

Die Isle of Dogs

Auf der „Hunde-Insel", der Isle of Dogs, liegt die Mudchute Farm. Die ländliche Anlage im Osten Londons zählt zu den größten Schaubauernhöfen Europas.

Etwa 200 Tiere, darunter Pferde, Ponys, kleine Haustiere und einige seltene Nutztierarten, leben auf dem 32 Hektar großen Gelände. Der Name des Naturschutzgebiets bezieht sich auf die Überschwemmungen, die es in dieser Gegend beim Errichten des Millwall Docks gab. Damals wurde der Schlamm aus den Wasserstraßen und Kanälen mithilfe eines speziellen Fördersystems auf dem Land, auf dem sich heute die Farm befindet, abgeladen. Im Jahr 1890 hat man zunächst ein Fußballstadion, das später zur Heimspielstätte der Fußballmannschaft Millwall Athletic wurde, an dieser Stelle eröffnet. Erst in den 1970-er Jahren, als die Millwall Docks geschlossen wurden, konnte das Land als Freiraum genutzt werden. Der neu gegründeten Mudchute Association gelang es, die Fläche zu pachten und 1977 einen Bauernhof mit Park einzurichten.

Seitdem wird die Mudchute Farm von der englischen Wohltätigkeitsorganisation geführt und ist für die Öffentlichkeit zugänglich. Im Mittelpunkt der Arbeit steht der Umweltschutz, um den sich die Organisation aktiv kümmert. Zum Bauernhof gehören ein Pferdestall, ein Kindergarten, in dem verschiedene Bildungsaktivitäten angeboten werden sowie ein Park, der Mudchute Park. Der Zugang zum Park und zum Bauernhof ist kostenfrei, die Wohltätigkeitsorganisation freut sich

allerdings über eine kleine Spende, da die Farm und alle Aktivitäten größtenteils aus Spendengeldern finanziert werden. Die Mudchute Farm ist ein beliebtes Ausflugsziel für die ganze Familie. Man sieht eine Menge Tiere, kann Pferde, Esel, Ziegen und Schafe streicheln, sowie Rinder und Schweine auf der Weide beobachten. Der Rasen des Mudchute Parks wird gern für Familienpicknicks genutzt. Umgeben von freundlichen Tieren kann man dort das mitgebrachte Mittagessen genießen. Im Park befindet sich zudem ein Kiosk, wo es Getränke und kleine Snacks gibt. Vom Mudchute Park hat man eine tolle Aussicht auf die Skyline des Londoner Docklands-Viertels. Die Farm zählt zu den größten innerstädtischen Wirtschaftsbetrieben Europas.

Gut zu wissen

Mudchute Park and Farm befinden sich auf der Isle of Dogs im Osten Londons. Mit dem PKW ist die Anlage über die A13 aus erreichbar, indem man den Hinweisschildern zur Isle of Dogs folgt und dann auf der A1206 in Richtung Island Gardens abbiegt. Alternativ gelangt man auch mit dem Zug dorthin. Die Docklands Light Railway verkehrt regelmäßig zwischen der Londoner City und der Station Mudchute. Der Fußweg von der Bahnstation bis zum Eingang der Farm nimmt circa 15 Minuten in Anspruch. Außerdem halten die Buslinien D3, D6 und 135 in der Nähe des Parks. Der Mudchute Park and Farm ist jeden Tag von 09.00 bis 17.00 Uhr geöffnet.

Wie kommt man hin?

In der Nähe gelegene Buslinien:

D3, D6 und 135

Das Museum of Childhood

#36

4h

Originelles Spielzeug für Kinder bestaunen im **MUSEUM OF CHILDHOOD**

Das Museum der Kindheit (Museum of Childhood) ist Teil der historischen Sammlung des Victoria and Albert Museums. Es befindet sich in Bethnal Green im Osten von London.

Das Museum beherbergt Dinge, die speziell für oder von Kindern gestaltet wurden. Dazu zählen Puppen und Puppenstuben verschiedenster Epochen sowie Kinderbekleidung und vieles andere. Zu sehen ist auch eine Käthe-Kruse-Puppe, die die britische Unternehmerin und Philanthropin Stephanie (Steve) Shirley im Jahr 1939 bei ihrer Flucht nach England mitnahm. Im Museum of Childhood werden regelmäßig Ausstellungen zu unterschiedlichen Themen rund um die Kindheit gezeigt. Man kann sich neben der ständigen Sammlung auch interaktive Galerien anschauen. Dort findet man Objekte der britischen National Childhood Collection. Zu den Ausstellungsthemen zählen „Spielen", „Gestalten" und „Vorstellen". Die Ausstellungsräume sind farbenfroh gestaltet, es gibt interaktive und multisensorische Spiele, die dazu dienen, die Kreativität und Fantasie von Kindern zu fördern. Damit das Spielzeug und andere Ausstellungsobjekte auch für die Kleinsten erreichbar sind, wurde darauf geachtet, diese Exponate in Kleinkindhöhe auszustellen. Es gibt außerdem mehrere Spielbereiche mit Kostümkisten sowie kreative Experimentierbereiche.

Insgesamt umfasst die Nationale Sammlung der Kindheit circa 33.000 Objekte aus unterschiedlichen Epochen. Dabei handelt es sich vor allem um handgefertigtes Spielzeug, zu dem auch eine Reihe von Prototypen zählt sowie industriell hergestellte Spielwaren. Besondere Ausstellungsstücke sind die historischen Puppenhäuser sowie eines der ältesten Schaukelpferde Englands. Das Gebäude, in dem das Museum of Childhood untergebracht ist, ist ebenfalls ein geschichtlich bedeutendes Bauwerk aus dem Jahr 1872. Zusätzlich zu den Ausstellungsräumen gibt es dort einige Hochzeitsräume sowie Veranstaltungssäle, die für Kindergeburtstage gemietet werden können. Da das Kindheitsmuseum relativ zentral in der Londoner Innenstadt gelegen ist, lässt sich ein Museumsbesuch mit der Besichtigung des Tower of London, der Tower Bridge und der St. Paul's Cathedral verbinden. Diese Sehenswürdigkeiten befinden sich ganz in der Nähe.

Wichtig zu wissen

Die Öffnungszeiten des Museum of Childhood sind täglich von 10.00 bis 17.45 Uhr. Führungen finden von Montag bis Freitag jeweils am Nachmittag zwischen 14.30 und 17.30 sowie Samstag und Sonntag zwischen 10.15 und 12.15 Uhr statt. Der Eintritt ist kostenlos, bei besonderen Ausstellungen und Anlässen wird eine kleine Gebühr erhoben. Für den Zugang zum Museum wird dennoch eine Eintrittskarte mit Zeitangabe benötigt. Tickets können vorab online reserviert werden (www.vam.ac.uk/young).

Wie kommt man hin?

In der Nähe gelegene U-Bahn-Station:

Bethnal Green

#37

4h

Sterne, Planeten und den Weltraum erleben im

ROYAL OBSERVATORY GREENWICH

Die astronomische Geschichte Großbritanniens entdeckt man am besten bei einem Besuch der Königlichen Sternwarte Greenwich.

Seit circa 400 Jahren beschäftigt sich das Royal Greenwich Observatory mit der Weltraumforschung. Das Zentrum befindet sich zudem am Mittelpunkt der Erde und zwar genau auf dem Nullmeridian. Das Interesse, den Längengrad exakt zu bestimmen, entstand im 17. Jahrhundert, als England eine wichtige Handelsmacht war. Damals war es für Seefahrer mangels geeigneter Berechnungsmethoden oft schwierig, den richtigen Hafen anzulaufen. Um das Problem zu lösen, wurde auf Anordnung von König Charles II. das Observatorium in Greenwich errichtet und vor 325 Jahren seiner Bestimmung übergeben. Beim Erforschen des Weltraums machten Astronomen in Greenwich wichtige Entdeckungen und führten detaillierte Beobachtungen durch. Die Hauptaufgabe des Greenwich Observatorium bestand in der Bestimmung der genauen Positionen der Sterne. Damit sollte den Seefahrern geholfen werden, die Positionen ihrer Schiffe daraus abzuleiten. Heutzutage können Besucher im Greenwich Royal Observatory Wissenswertes über Astronomie und Weltraum erfahren und moderne Technologien entdecken. Das Faszinierende dabei ist, dass es im Greenwich Observatorium möglich ist, mit einem Fuß auf der östlichen und mit dem anderen Fuß auf der westlichen Hemisphäre zu stehen. Meist werden Selfies von diesem Erlebnis gepostet, sodass das Observatorium mittlerweile

Die private Wohnung von John Flamsteed

Die Nullmeridianlinie

eines der bekanntesten Fotomotive ist. Die historische Nullmeridianlinie verläuft genau durch den Londoner Vorort Greenwich. Dies führte zur Bestimmung der Greenwich Mean Time (GMT), die maßgeblich die Zeitberechnung beeinflusst hat.

In der Sternwarte gibt es inzwischen ein Museum für Astronomie- und Navigationswerkzeuge. Dort erfährt man spannende Fakten über die Entwicklung der Zeitmessung vom Mittelalter bis zur Gegenwart. Unter anderem werden die Zusammenhänge zwischen der Zeitmessung und der Positionsbestimmung mithilfe der Sonne und der Sterne gezeigt. Im Royal Observatory ist ein 71,1 Zentimeter großes Refraktor-Großäquatorialteleskop zu sehen, welches das größte seiner Art in ganz Großbritannien ist. Bei einem Rundgang entdeckt man den Oktogon-Saal mit den hohen Fenstern. Von dort beobachteten die Astronomen einst den Himmel, um die Bewegungen der Planeten und Kometen zu erforschen. Es besteht die Möglichkeit, die private Wohnung des Astronomen John Flamsteed, der seit 1675 als erster Hofastronom für das englische Königshaus tätig war, zu besichtigen. Vom Museumshügel hat man eine traumhafte Aussicht auf London. Bei gutem Wetter sieht man den Millennium Dome, die Hochhäuser von Canary Wharf und die Docklands.

Wichtig zu wissen

Das Royal Observatory Greenwich ist täglich von 10.00 bis 17.00 Uhr geöffnet. Nach Greenwich gelangt man mit der Londoner U-Bahn oder mit dem Zug bis zum Bahnhof Greenwich.

Wie kommt man hin?

In der Nähe gelegene U-Bahn-Station:

Cutty Sark

#38

8h

IM EPPING FOREST
wandern und Vögel beobachten

Die Großstadt London wird durch eine Skyline aus zahlreichen Hochhäusern geprägt. Durch die zunehmende Urbanisierung gingen viele der früher landwirtschaftlich oder zu Erholungszwecken genutzten Grünflächen verloren.

Der einzige noch verbliebene Wald in der Umgebung der britischen Hauptstadt ist der Epping Forest. Das 18 Kilometer lange und bis zu vier Kilometer breite Waldgebiet erstreckt sich über eine Fläche von 243 Hektar. Von den Londonern wird die hügelige Waldlandschaft als Naherholungsgebiet sehr geschätzt. Es wird vermutet, dass der Epping Forest bereits während der Eiszeit ab 8000 v. Chr. entstanden ist. Heutzutage besteht der

Wald überwiegend aus Laubbäumen, Eichen, Buchen, Kastanien und Stechpalmen. Der sehr lichte Wald hat reichen Unterwuchs. Für die Geschichte Großbritanniens ist das Waldgebiet von großer Bedeutung. Seit dem 14. Jahrhundert hat man in diesem Wald Holzkohle hergestellt. Die Holzkohleproduktion dauerte bis ins frühe 20. Jahrhundert und wurde während des Zweiten Weltkrieges wieder aufgenommen. Bereits im Jahr 1878 wurde jedoch entschieden, dass der Epping Forest ein schützenswerter Naturraum ist.

Mittlerweile ist der Epping Forest vor allem ein beliebtes Ziel für Tagesausflüge. Das Naturgebiet eignet sich ideal zum Entspannen und Erholen nach einer anstrengenden Besichtigungstour durch die Hauptstadt. In das riesige Waldgebiet kommt man gern zum Wandern, zum Mountainbiking oder zur Vogelbeobachtung. Im Epping Forest gibt es mehrere Besucherzentren, in denen man Informationen über die Geschichte des Waldes, zur Ökologie sowie Tipps für Wanderungen und Fahrradtouren bekommt. Außerdem erhält man dort eine Karte, die man als Routenführer zur Orientierung im Epping Forest nutzen kann. Im Gespräch mit den Park-Rangern erfährt man, weshalb der Epping Forest ein besonderes Schutzgebiet ist. Für Kinder gibt es interaktive Aktivitäten. Von jedem Besucherzentrum führen Pfade in den Wald hinein. Während einer Wanderung im Epping Forest sieht man mit etwas Glück einige Tiere. Im Waldgebiet sind Hasen, Rehe und Eichhörnchen beheimatet. Auch viele seltene Vogelarten nutzen den Epping Forest als Lebensraum. Daher ist der Wald ein beliebtes Ziel für Vogelbeobachtungen. Zu sehen sind unter anderem Lerchen, Spechte und Haubentaucher, die ihre Nester in den Bäumen bauen. Im Epping Forest gibt es zudem eine Fahrradverleihstation, wo Mountainbikes ausgeliehen werden können.

Gut zu wissen

Von der Londoner City ist der Epping Forest circa 24 Kilometer entfernt. Mit dem Mietauto erreicht man das Gebiet in weniger als einer Stunde. Kostenfreie Parkmöglichkeiten stehen an allen Eingängen, die zum Wald führen, zur Verfügung. Mit dem Regionalzug und der U-Bahn gelangt man bis zur Station Epping und geht von dort aus zu Fuß. Der Wald ist täglich für die Öffentlichkeit zugänglich. Es wird kein Eintritt erhoben.

Wie kommt man hin?

In der Nähe gelegene U-Bahn-Station:

Epping

LONDON WESTEN

Einfach QR-Code scannen und Google Maps Karte ansehen - Oder via Direktlink: *www.gamikaze.ch/maps/london*

2h

39 Das trendige Notting Hill und den Portobello-Straßenmarkt entdecken

40 Der atemberaubende Blick auf London vom Helikopter aus bestaunen

41 Im Edelkaufhaus Harrods exklusive Designerstücke shoppen

42 Die indische Kultur Londons entdecken im Neasden-Tempel

43 Dem exklusivsten Friedhof Englands einen Besuch abstatten

4h

44 Erlebe die Royals hautnah im Wachsfigurenkabinett von Madame Tussauds

45 Tierische Begegnungen im London Wetland Centre

46 Londons italienisches Juwel - Ein Spaziergang durch Little Venice

47 Einem Vortrag an der Speakers' Corner im Hyde Park lauschen

48 Die königliche Residenz Kensington Palace besuchen

49 Die Geschichte des englischen Fußballs erleben im Wembley-Stadion

50 Ein Erlebnis für die ganze Familie - Der Londoner Zoo

51 Design und Kunst im Victoria and Albert Museum bestaunen

8h

52 Die Schauplätze der Harry Potter Abenteuer kennenlernen

53 Im Hampstead Heath Park im Norden von London entspannen

54 Labyrinthe und königliche Gemächer im Hampton Court Palace

55 Kew Gardens - Der älteste botanische Garten der Welt

Bunte viktorianische Häuser in Notting Hill

#39

2h

DAS TRENDIGE NOTTING HILL

und den Portobello-Straßenmarkt entdecken

Großbritanniens Hauptstadt besteht aus 32 Stadtvierteln (Boroughs), von denen jedes einen eigenen Charakter hat. Einer der schönsten Londoner Stadtbezirke ist Notting Hill.

Das Trendviertel wurde durch den gleichnamigen Film mit den Hollywoodstars Julia Roberts und Hugh Grant in den Hauptrollen richtig populär. Seitdem haben sich zahlreiche Prominente aus aller Welt in dem hippen, lebhaften Stadtviertel niedergelassen. Vor 100 Jahren war Notting Hill noch ein bäuerlicher Vorort. Mittlerweile ist das Trendviertel eine der begehrtesten Wohngegenden Londons. Notting Hill liegt nordwestlich des Hyde Parks und ist Teil des Bezirks Kensington and Chelsea. Die

Taschenuhren auf dem Portobello Road Market

berühmteste Straße ist die Portobello Road, die sich durch Notting Hill zieht und für ihren originellen Flohmarkt, den Portobello Road Market bekannt ist. Auf dem Portobello Market werden jeden Samstag an mehr als 2.000 Ständen edle, ungewöhnliche und kitschige Möbelstücke, Dekoartikel, Vintage-Bekleidung, Bücher und Accessoires für Trendsetter, verkauft. Das Angebot ist reichhaltig und hochwertig und mit etwas Glück findet man ein Schnäppchen. An den anderen Wochentagen ist der Portobello Markt ein klassischer Markt, wo man Obst und Gemüse aus biologischem Anbau bekommt. In der Portobello Road gibt es zahlreiche gemütliche Cafés. Gehobene Restaurants und exklusive Boutiquen haben sich rund um die Einkaufsstraße Westbourne Grove angesiedelt. Dort reihen sich zwischen alten viktorianischen Villen exklusive Designerläden und Antiquitäten-Geschäfte aneinander.

Ein besonderes Ereignis ist der Notting Hill Carnival, der jedes Jahr am letzten Augustwochenende stattfindet. Höhepunkt der mehrtägigen

Notting Hill an einem schönen sonnigen Morgen

Veranstaltung ist die große Karnevals-Parade, die den multikulturellen Charakter des Viertels widerspiegelt. Der Notting Hill Carnival beginnt immer mit einem Wettbewerb bekannter Londoner Steelbands. Karibische Calypso-Musik verbindet sich mit britischen Klängen zu einem musikalischen Spektakel. In den Straßen wird gefeiert und in den Pubs und Kneipen geht es hoch her. In Notting Hill werden ganzjährig geführte Touren angeboten, mit dem Ziel, das trendige Viertel und die interessantesten Sehenswürdigkeiten kennenzulernen. Der geführte Rundgang steht unter dem Motto Filmschauplätze erkunden und führt zu Aufnahmestudios und Drehorten, die das Viertel berühmt gemacht haben. In Begleitung eines Guides erfährt man Wissenswertes über die Vergangenheit von Notting Hill und die Bedeutung der regenbogenfarbenen viktorianischen Häuser. Außerdem wird gezeigt, wo sich die Wohnhäuser von George Orwell und Sir William Crookes sowie die Wohnsitze prominenter Models wie Claudia Schiffer und Elle MacPherson befinden. Auf dem Besichtigungsprogramm einer organisierten Führung stehen auch Drehorte aus Filmen wie Paddington und Love Actually (Tatsächlich... Liebe), die ebenfalls vor der romantischen Kulisse der gut erhaltenen Häuser im viktorianischen Stil in Notting Hill gedreht wurden. Im Viertel befinden sich einige Aufnahmestudios, in denen Künstler wie Bob Marley, Band Aid und Led Zeppelin ihre Songs aufgenommen haben.

Gut zu wissen

Der Portobello-Flohmarkt ist samstags zwischen 9 und 19 Uhr geöffnet. An den anderen Wochentagen findet ein klassischer Markt statt. Wegen des großen Besucherandrangs empfehlen wir, für den Besuch des Antiquitäten-Markts am besten einen Vormittag einzuplanen. Mit der U-Bahn gelangt man am schnellsten zur Portobello Road. Die nächstgelegenen U-Bahn-Stationen sind Notting Hill Gate und Ladbroke Grove.

Wie kommt man hin?

In der Nähe gelegene U-Bahn-Stationen sind:

- *Notting Hill Gate*
- *Ladbroke Grove*

Bunte Türen in Notting Hill

#40

2h

Der atemberaubende Blick auf London

VOM HELIKOPTER AUS BESTAUNEN

Eine besondere Art, London aus einer anderen Perspektive zu entdecken, ist ein Rundflug mit dem Helikopter.

Über den Wolken zu schweben und freie Sicht auf die britische Hauptstadt und ihre zahlreichen Sehenswürdigkeiten zu haben, ist zudem ein einzigartiges Erlebnis. Höhenangst kommt im Hubschrauber eher selten vor. In einem Helikopter sitzt man meistens im gemütlichen Ledersitz, während die Fortbewegung als ruhiger und angenehmer empfunden wird als im Auto. In London werden verschiedene

Helikopterflüge angeboten. Man kann zwischen einem 12-minütigen Helikopterrundflug, einem 18 Minuten dauernden Flug sowie einem Helikopterflug, der 20 Minuten dauert, auswählen. Alle Helikopterflüge starten am London Heliport in Battersea. Der Londoner Heliport ist seit mehr als 50 Jahren in Betrieb und zählt zu den modernsten Hubschrauberlandeplätzen in Europa. Dort starten vor allem Prominente und andere VIPs, aber auch Geschäftsleute zu ihren Terminen. Vom zentral am Südufer der Themse gelegenen Heliport werden täglich Rundflüge für Touristen angeboten.

Die Flugroute ist bei jedem Rundflug so ausgewählt, dass man die bekanntesten Sehenswürdigkeiten Londons von oben zu sehen bekommt. Die genaue Route hängt von der gewählten Helikopterflug-Option ab. Meist wird über der Themse entlanggeflogen. Der Fluss teilt die britische Hauptstadt in zwei Teile. Bei den beiden längeren Flügen, die 18 oder 20 Minuten dauern, ist genügend Zeit vorhanden, um über Ziele außerhalb der Londoner Innenstadt zu fliegen. Daher geht es erst einmal in Richtung Westen, über den Burlington Park und die Wetlands. Anschließend wird der Rundflug in östlicher Richtung fortgesetzt, sodass berühmte Sehenswürdigkeiten wie der Battersea Park, Hyde Park, die Royal Albert Hall, die Houses of Parliament, der Buckingham Palace und die Westminster Abbey zu erkennen sind. Im weiteren Verlauf des Helikopterfluges kann man die St. Pauls Cathedral, das London Eye, das British Museum sowie The Shard, das höchste Gebäude der britischen Metropole, aus der Vogelperspektive betrachten. Bei einem kurzen, 12 Minuten dauernden Helikopterflug fliegt man dann die gleiche Strecke wieder zurück, während man bei den längeren Flügen ein wenig mehr Zeit hat, sich die schöne Aussicht und die Monumente aus der Luft anzuschauen bis man wieder sicher am London Heliport landet.

Gut zu wissen

Rundflüge mit dem Helikopter sind in London sehr beliebt und deshalb stark nachgefragt. Es besteht die Möglichkeit, Tickets sowohl online als auch vor Ort zu reservieren. Während man bei der Online-Variante sofort eine Bestätigung erhält, kann es aufgrund der hohen Nachfrage passieren, dass bei den Anbietern am Heliport keine Tickets mehr verfügbar sind. Helikopterflüge werden abhängig von den Wetterbedingungen das ganze Jahr über durchgeführt. Es ist ratsam, mindestens 30 Minuten vor Abflug am Heliport einzutreffen. Vor dem Start erfolgt eine Sicherheitseinweisung. Mit dem PKW oder per Taxi gelangt man am schnellsten zum Heliport.

#41

2h

IM EDELKAUFHAUS HARRODS EXKLUSIVE

Designerstücke shoppen

Das bekannteste Londoner Kaufhaus ist das Harrods. Das bereits seit 1849 im Stadtviertel Knightsbridge ansässige Warenhaus ist ein Shopping-Tempel der Extraklasse und zugleich eine bekannte Sehenswürdigkeit in der britischen Hauptstadt.

Mit einer riesigen Verkaufsfläche von fast 100.000 Quadratmetern und dem hochwertigen Warenangebot gehört das Harrods zu den exklusivsten und größten Warenhäusern der Welt. Die 30 Abteilungen bieten vor allem Luxusartikel. In großzügigen, luxuriös gestalteten Räumen werden Designer-Bekleidung für Damen, Herren und Kinder, Juwelen und Schmuck, Beautyprodukte internationaler Marken sowie edle Design-Möbel angeboten. Das imposante Gebäude, in dem das Luxuskaufhaus untergebracht ist, befindet sich im Westen der Londoner Innenstadt an der Brompton Road. Die Fassade wird jeden Abend von circa 12.000 Glühbirnen beleuchtet. Täglich müssen von den Elektrikern des Warenhauses etwa 300 Birnen gewechselt werden. Im Harrods gibt es circa 27 verschiedene Restaurants der gehobenen Gastronomie, in denen exklusive Speisen und Getränke serviert werden. Zu den Special-Services des Kaufhauses zählt die Möglichkeit, Goldbarren zu erwerben. Das besondere Highlight ist die Lebensmittelabteilung im Erdgeschoss mit ihrem exquisiten Angebot von Esswaren und exklusiven Weinsorten aus aller Welt. Die Food Hall ist auch optisch ein Hingucker, denn sie ist ganz im Jugendstil ausgestattet.

Gegründet wurde das Luxuskaufhaus im Jahr 1834 von Charles Henry Harrod. Das Harrods war ursprünglich ein Lebensmittel- und Teeladen. Nachdem das Gebäude 1883 einem Brand zum Opfer fiel und vollständig neu aufgebaut werden musste, entschied Charles Henry Harrod, ein Kaufhaus daraus zu machen. Bereits einige Jahre später war das Harrods-Kaufhaus in London bekannt, sodass auch die königliche Familie und andere bedeutende Persönlichkeiten zu den Kunden zählten. Bis 2001 war das Edelkaufhaus königlicher Hoflieferant. Im Jahr 1985 wurde das Warenhaus vom ägyptischen Milliardär Mohamed Al-Fayed erworben, der es 2010 an die Qatar Holding weiterverkaufte. Im Harrods befinden sich zwei Gedenkstätten für die englische Prinzessin Diana und den Sohn des ehemaligen Besitzers, Dodi Al-Fayed. Das Denkmal in Form einer kleinen Pyramide wurde 1998, ein Jahr nach dem tödlichen Autounfall der beiden, errichtet. Ein Brunnen mit Bronze-Statue, der an Diana und Dodi erinnern soll, wurde im Jahr 2005 eingeweiht. Beide Gedenkstätten sind beliebte Besucher-Magneten.

Gut zu wissen

Das Harrods ist von Montag bis Samstag zwischen 10 und 21 Uhr und sonntags zwischen 11.30 und 18 Uhr geöffnet. Es gibt sogar einen Dresscode. Da es sich um ein Luxuskaufhaus handelt, wird im Harrods gepflegte Kleidung erwartet. Ob die Kleidungsempfehlung jedoch kontrolliert wird, ist nicht bekannt.

Wie kommt man hin?

In der Nähe gelegene U-Bahn-Station:

Knightsbridge

Mit der U-Bahn bis zur Station Knightsbridge fahren. Von dort aus sind es nur einige Minuten zu Fuß bis zum Harrods.

Die indische Kultur Londons entdecken bei einem Besuch **IM NEASDEN-TEMPEL**

Im Londoner Stadtteil Brent befindet sich nicht nur das Wembley-Stadion, sondern auch der hinduistische Neasden-Tempel. Das bedeutende Gebetshaus ist der größte hinduistische Tempel Großbritanniens und einer der größten Hindu-Tempel außerhalb von Indien.

Das majestätische Bauwerk wurde in den Jahren von 1992 bis 1995 erbaut. Die Errichtung erfolgte nach Ideen der aus Ahmedabad stammenden hinduistischen BAPS Swaminarayan Sanstha. Diese Glaubensrichtung des Hinduismus widmet sich der Verbesserung der Gesellschaft und beruht auf den Idealen des hinduistischen Glaubens, die Einheit sowie den selbstlosen Dienst für die Menschheit. Das Erbauen dieses besonderen Bauwerks erforderte eine sorgfältige Planung und viel Handarbeit. An den Arbeiten waren mehr als 1.000 Steinmetze beteiligt, deren Aufgabe darin bestand, die 26.500 verbauten Motivsteine mit individuellen Motiven zu gestalten. Kuppeln und Türme des Neasden-Tempels bestehen aus feinstem

Carrara-Marmor. Außerdem wurde für die Fassade bulgarischer Kalkstein verwendet. Um den Tempel zu errichten hat man die größte jemals in Großbritannien benötigte Menge an Beton vergossen. Allein für die gewaltige Fundamentplatte wurden innerhalb von 24 Stunden mehr als 4.500 Tonnen Beton verarbeitet. Auf Eisenträger hat man bei der Konstruktion aus Rücksicht auf religiöse Grundsätze verzichtet. Nach hinduistischem Verständnis strahlt Stahl Magnetwellen ab, die die Ruhe beim Meditieren stören. Im harmonisch gestalteten Innenbereich des Gebetshauses sind aufwendig gestaltete Altäre hinduistischer Götter zu sehen.

Als größter Hindu-Tempel außerhalb Indiens wird die Neasden-Tempelanlage im Guinnessbuch der Rekorde erwähnt. Es dauerte insgesamt 5 Jahre, bis das Bauprojekt abgeschlossen werden konnte. Der Bau des Tempels nahm 2 1/2 Jahre in Anspruch. Eröffnet wurde die prachtvolle Anlage am 20. August 1995 von Pramukh Swami Maharaj, dem Präsidenten (Guru) dieser hinduistischen Glaubensrichtung. Ruhe, Ausgeglichenheit und eine beinahe mystische Atmosphäre prägen die Anlage des Neasden-Tempels. Die gesamte Tempelanlage besteht aus dem Mandir-Tempel sowie einer ständigen Ausstellung, die dem Thema „Understanding Hinduism" (deutsch: Hinduismus verstehen) gewidmet ist, dem Kulturzentrum BAPS Shri Swaminarayan Haveli, einer Versammlungshalle, einer Turnhalle, einem Bücherladen und Büros. Der Neasden-Tempel ist für die Öffentlichkeit zugänglich und kann von jedem Menschen unabhängig von dessen Glauben betreten werden. Es wird erwartet, sich an die an einem religiösen Ort geltenden Regeln (beispielsweise dezente Kleidung tragen und sich ruhig zu verhalten) zu halten. Jeder Besucher kann im Hindu-Tempel meditieren oder die Stille genießen.

Gut zu wissen

Grundsätzlich ist der Neasden-Tempel täglich geöffnet. Für Besucher anderer Konfessionen ist die Tempelanlage jedoch nicht immer zu betreten. Wir empfehlen deshalb, sich zuvor auf der Website des Tempels zu informieren (www.neasdentemple.org). Beim Besuch des Tempelinneren dürfen keine Mobiltelefone, Kameras oder Handtaschen mitgeführt werden. Diese Utensilien kann man vor der Eingangstür abgeben. Da ein Hindu-Tempel nicht mit Schuhen betreten werden darf, zieht man diese ebenfalls vor dem Eingang aus.

Wie kommt man hin?

In der Nähe gelegene U-Bahn-Station:

Neasden

#93

2h

DIE GRABSTÄTTE VON KARL MARX AUF dem exklusivsten Friedhof Englands besuchen

Die Highgate Cemetery gilt als exklusivster Friedhof Englands. Die im Stadtbezirk Camden gelegene Ruhestätte wurde 1839 eröffnet und zählt zu den Magnificent Seven.

Dabei handelt es sich um Friedhöfe, die innerhalb von zehn Jahren in der Region London entstanden und entweder besonders berühmt sind oder eine andere Bedeutung für die britische Hauptstadt haben. Im 19. Jahrhundert waren die Bestattungsmöglichkeiten Londons erschöpft. Daher wurden ab 1832 Privatunternehmer von der Stadtverwaltung damit beauftragt, sieben kommerzielle Friedhöfe zu errichten. Diese sollten vor allem in den ländlichen Londoner Vororten etabliert werden. Zu diesem Zweck wurde von dem mit der Friedhofsgestaltung beauftragten Architekten Stephen Geary die London Cemetery Company gegründet. Das neu gegründete Unternehmen erwarb daraufhin ein Areal am Rande des Dorfes Highgate, das mittlerweile zu London gehört. Innerhalb von drei Jahren verwandelten der Landvermesser James Bunstone und der Gartendesigner David Ramsey die Landschaft mithilfe architektonischer Besonderheiten und exotischer Anpflanzungen in den modernsten und schönsten Friedhof der viktorianischen Epoche. Bereits kurz nach der

Grabstätte von Karl Marx

Ein schlafender Engel im Friedhof

Eröffnung im Mai 1839 gewann die Highgate Cemetery rasch an Popularität. Es waren hauptsächlich gutsituierte Familien, die in der Lage waren, auf dem hochgelegenen, exklusiven Begräbnisplatz Grabstellen zu erwerben. Die Gräber, die damals entstanden, sind aufwändig und monumental gestaltet. Das bekannteste Grab ist die Grabstätte von Karl Marx, die heute noch Besucher aus aller Welt anzieht. Andere Berühmtheiten, die in Highgate ihre letzte Ruhe fanden, sind der Bildhauer Edward Hodges Baily, der Begründer des modernen Postdienstes Rowland Hill, der Künstler John Singleton Copley, der Romanautor George Eliot, der Maler Henry Moore, der Elektroingenieur Michael Faraday sowie der Erfinder der Kinematografie, William Friese-Greene. Im Jahr 1970 wurde der Highgate Friedhof zum Schauplatz gruseliger Ereignisse, als zahlreiche Gräber von selbsternannten Vampir-Jägern geschändet wurden. Anschließend musste die Highgate Cemetery umfassend restauriert werden, bevor sie wieder als exklusivster Friedhof Englands bezeichnet werden konnte. Eine Grabstätte in Highgate soll circa 23.000 Euro kosten. Auf dem Friedhof sind mehr als 50.000 Grabstätten zu sehen. Das riesige Areal ist in einen Ostfriedhof und einen Westfriedhof unterteilt. Karl Marx ist im Ostfriedhof begraben. Auf dieser Seite des Friedhofs können sich Besucher frei bewegen, allerdings ist der Zugang kostenpflichtig. Der Eintritt zum Westfriedhof ist auf eigene Faust oder im Rahmen einer geführten Tour möglich. Die Highgate Cemetery ist eine bekannte Londoner Sehenswürdigkeit. Besonders an Wochenenden trifft man dort viele Besucher an.

Gut zu wissen

Der Eintritt in den Highgate Friedhof erfolgt mit einem Zeitticket. Eintrittskarten können online (www.highgatecemetery.org) oder bei der Ankunft am Eingang des Friedhofs erworben werden (ca. 5 Euro, Kinder haben freien Eintritt). Wer beide Seiten besuchen möchte, erwirbt eine Eintrittskarte für den Westfriedhof (ca. 12 Euro). Der Zugang zum Ostfriedhof ist dabei im Preis inbegriffen. Geöffnet ist die Highgate Cemetery täglich von 10.00 bis 17.00 Uhr. In den Wintermonaten zwischen November und Februar ist der Friedhof nur bis 16.00 Uhr für die Öffentlichkeit zugänglich. Fotografiert werden dürfen Gräber nur für den persönlichen Gebrauch. Videos sind nicht erlaubt.

Wie kommt man hin?

In der Nähe gelegene U-Bahn-Stationen sind:

- *Archway*
- *Highgate*

#44

4h

Erlebe die Royals hautnah im Wachsfigurenkabinett von **MADAME TUSSAUDS**

Das erste Wachsfigurenkabinett der Welt wurde 1884 in London eröffnet. Das nach seiner Gründerin, der Französin Marie Tussauds, benannte Museum ist seitdem einer der Hauptattraktionen Londons.

Die 1761 geborene Künstlerin aus Frankreich war eine bekannte Bildhauerin und sehr geübt im Umgang mit Wachs. Zunächst übernahm sie zahlreiche Aufträge für das französische Königshaus, bevor sie mit einer eigenen Ausstellung in Paris international bekannt wurde. Eine Dauerausstellung in London führte schließlich zur Gründung des nach ihr benannten Wachsfigurenkabinetts. Obwohl es mittlerweile zahlreiche Wachsfigurenmuseen in verschiedenen Ländern gibt, beherbergt das Londoner Madame Tussauds Wachsfigurenkabinett die größte Wachsfiguren-Ausstellung der Welt. In den Ausstellungsräumen sind mehr als 300 aus Wachs hergestellte Figuren zu sehen. Einige der lebensechten Wachsfiguren sind bereits viele Jahre alt, andere hingegen bereichern das Wachsfigurenkabinett erst seit Kurzem. Die

Sammlung wird sorgfältig gepflegt, ständig aktualisiert und erweitert. Die Figuren welche in der Ausstellung präsentiert werden, wirken alle sehr realistisch und wurden von bekannten Künstlern erschaffen. Diese wenden exakt die gleichen Methoden an wie ehemals Madame Tussauds. Zu den lebensechten Wachsfiguren zählen berühmte Film- und Fernsehstars, Persönlichkeiten der britischen und internationalen Geschichte, Politiker und Staatsoberhäupter.

Die Sammlung umfasst auch Sportlegenden, einflussreiche Wissenschaftler, Erfinder, Nobel-Preisträger und Musik-Künstler. Das besondere Highlight sind allerdings die Wachsfiguren der britischen Königsfamilie. Im Bereich, in dem die 2022 verstorbene Queen Elizabeth sowie der jetzige Herrscher König Charles III., Königin Camilla, Prinz William und Prinzessin Catherine zu sehen sind, ist daher mit großem Besucherandrang zu rechnen. Der Realitätsgrad der Wachsfiguren ist hoch und die Skulpturen sind gut ausgearbeitet, sodass der Eindruck entsteht, es handele sich um eine echte Person. Fotografieren ist möglich. Es stehen auch professionelle Fotografen zur Verfügung, die ihre Bilder für circa 10 Euro anbieten. Das Madame Tussauds Wachsfigurenkabinett ist in mehrere Ausstellungsbereiche unterteilt. Die einzelnen Ausstellungsräume widmen sich einem bestimmten Thema. So gibt es eine Culture Zone, Fashion Zone, Film Zone, Music Zone, Party Zone, Royal Zone sowie eine Sport Zone und mittlerweile auch eine Youtube Zone. Zu den neuesten Attraktionen gehört die Ausstellung Spirit of London, die in Form einer Zeitreise die Geschichte Londons seit der Zeit von Königin Elisabeths I. bis zur Gegenwart darstellt. Sehr beliebt sind das neuartige Gruselkabinett und der im 4D-Format präsentierte Film Marvel Super Heroes. Regelmäßig finden temporäre Veranstaltungen und Events statt. Die Sonderausstellungen sind aufwendig gestaltet und interaktiv.

Gut zu wissen

Geöffnet ist Madame Tussauds Wachsfigurenkabinett täglich zwischen 10 und 15 Uhr (letzter Einlass), an den Wochenenden bis 16 Uhr. Tickets werden online auf der Website des Museums angeboten und ermöglichen den Zugang zu allen Zonen.

Wie kommt man hin?

In der Nähe gelegene U-Bahn-Station:

Baker Street

#45

4h

Tierische Begegnungen
IM LONDON WETLAND CENTRE

Das London Wetland Centre ist ein im Jahr 2000 eröffnetes Naturschutzgebiet. An der gleichen Stelle befanden sich zuvor einige Teiche sowie mehrere kleinere Schutzgebiete, die dann zusammengefasst wurden.

Dadurch entstand ein geschütztes Feuchtgebiet mit einer Gesamtfläche von mehr als 40 Hektar. In Großbritannien ist dies das erste Projekt, das sich dem Erhalt der natürlichen Umgebung widmet. Viele Tiere, die nun dort beheimatet sind, hatten zuvor ihren Lebensraum in London aufgrund zunehmender Urbanisierung verloren. Um das London Wetland Centre kümmert sich der Wildfowl & Wetlands Trust (WWT). Die gemeinnützige Organisation widmet sich dem Erhalt und dem Schutz der Feuchtgebiete, da diese eine wesentliche Quelle für Trinkwasser sind.

Außerdem soll das Naturschutzgebiet ein Zufluchtsort für heimische und exotische Tierarten sein. Im Wetland Centre gibt es einige Wanderwege, die durch Wiesen und an gepflegten Gärten vorbeiführen. Zwischen Seen und Tümpeln haben zahlreiche Kleintiere ein neues Zuhause gefunden. Auf dem Gelände leben Frösche, Eidechsen, Enten, Gänse und Schwäne. Mit etwas Glück sieht man den seltenen Eisvogel. Auf den Wiesen grasen Kühe und Schafe. Insgesamt hat man mehr als 180 Tierarten im Marschland angesiedelt. Die Tiere können von mehreren Stellen aus beobachtet und fotografiert werden. Damit das Wildleben nicht gestört wird, finden sich im Naturpark Hinweise für die Besucher, ausschließlich auf den ausgeschilderten Wanderwegen zu wandern und nicht übermäßig laut zu sein. Am Hauptsee sowie am dreistöckigen Pfauen-Turm (Peacock Tower) hat man die beste Aussicht über die Londoner Skyline, denn das London Wetland Centre ist nicht weit von der britischen Metropole entfernt.

Asiatischer Zwergotter

Gut zu wissen

Die Öffnungszeiten vom Wetland Centre variieren je nach Saison. In den meisten Monaten ist täglich von 9.30 bis 17.00 Uhr geöffnet (Weitere Infos auf www.wwt.org.uk). Das Wetland Centre bietet regelmäßig verschiedene kostenfreie und kostenpflichtige Aktivitäten an. Dazu zählt zum Beispiel die Fütterung von Tieren zu bestimmten Jahreszeiten. Außerdem werden Kurse wie Wildlife-Gärtnerei, Wildlife-Fotografie oder Zeichnen von Tiermotiven angeboten.

Wie kommt man hin?

In der Nähe gelegene U-Bahn-Stationen und Buslinien sind:

Hammersmith

33, 72 und 209

Zum Londoner Wetland Centre gelangt man mit der U-Bahn, indem man an der U-Bahn-Station Hammersmith aussteigt und dem 30 Minuten dauernden Fußweg zur Anlage folgt. Die Buslinien 33, 72 und 209 halten an der Station Red Lion. Von dort erreicht man das Wetland Centre zu Fuß innerhalb von 2 bis 3 Minuten.

#45

4h

Londons italienisches Juwel - Ein Spaziergang **DURCH LITTLE VENICE**

Sonnenuntergang in Little Venice am Regent's Canal

Großbritanniens Hauptstadt ist eine multikulturelle Metropole. Einwanderer aus aller Welt beeinflussten die englische Küche, den Baustil und die Lebensart.

Ein beinahe südlich anmutender Stadtteil in West-London ist Little Venice, das kleine Venedig. Beim Spazierengehen an einem der Kanäle fühlt man sich wie in der italienischen Lagunenstadt. Little Venice ist eine grüne Idylle, die zwischen dem Regent's Canal und dem Grand Union Canal liegt. Man kann an der Uferpromenade entlang gehen oder joggen. Zahlreiche Wasserläufe, Brücken und Boote auf dem Wasser sorgen für italienisches Feeling mitten in London. Das englische Klein-Venedig eignet sich ausgezeichnet für lange Spaziergänge und Wanderungen in schöner Umgebung. Spaziert man am Regent's Canal entlang, gelangt man von Little Venice bis zu den Docklands im Londoner Osten. Unterwegs kommt man am Stadtviertel Camden Town, das für sein Nachtleben, eine alternative Modeszene und den Markt am Regent's Canal bekannt ist sowie am Londoner Zoo vorbei.

Auf dem Wasser kann man mit dem London Waterbus eine Kanalfahrt in Little Venice unternehmen. Mit dem Ausflugsschiff ist man innerhalb von 45 Minuten am Camden Lock Market. An den Kanälen, die das Little Venice Viertel durchziehen, liegen zahlreiche Hausboote vor Anker. Die in Großbritannien „Narrow Boats" genannten Schiffe sind bei Individualisten und Urlaubern, die naturnahe Ferien schätzen, sehr beliebt. Besonders in

Promenade am Regent's Canal

Little Venice bei Nacht

Reiher auf einem Boot in Little Venice

den Abendstunden trifft man auf den Spazierwegen entlang der Kanäle viele Menschen, die Abstand vom Trubel der Großstadt suchen und bei schönem Wetter den farbenprächtigen, romantischen Sonnenuntergang sehen wollen. In den Sommermonaten finden am Amphitheater am nicht weit entfernten Sheldon Square eine Reihe von Veranstaltungen statt. Sehenswert sind auch Vorstellungen im Puppet Theatre Barge. Das Marionettentheater befindet sich auf einem Kanalboot. Preisgekrönte Fringe- und Comedy-Theatervorführungen gibt es im nahe gelegenen Canal Café Theatre zu sehen. Etwas weiter entfernt entlang der Wasserstraße befindet sich der Lord's Cricket Ground. Das Cricket-Stadion gilt als traditionsreiche Adresse im Cricketsport. Die seit 1814 bestehende Spielstätte westlich des Regent's Parks bietet Platz für circa 30.000 Zuschauer. Hier besteht die Möglichkeit, an einer Führung durch das Stadion und das dazugehörige Museum teilzunehmen und dabei Wissenswertes und Interessantes über den in England sehr beliebten Cricketsport zu erfahren.

Gut zu wissen

Das Little Venice Viertel liegt im Zentrum Londons und ist mit der U-Bahn gut erreichbar. Die nächstgelegene Underground-Station ist Paddington. Von und nach Paddington verkehren auch Buslinien.

Wie kommt man hin?

In der Nähe gelegene U-Bahn-Stationen und Buslinien sind:

Paddington

7, 23, 27, 36, 46 sowie 205, 332 und 436

#47

4h

Einem Vortrag an der Speakers' Corner **IM HYDE PARK LAUSCHEN**

Der Hyde Park ist einer von acht königlichen Parks in London. Berühmt wurde die riesige Parkanlage durch den „Speakers' Corner". Die Ecke der Redner entstand durch einen Parlamentsbeschluss.

Gemäß der Regelung vom 27. Juni 1872 darf seitdem jeder Bürger (und auch Touristen) ohne Voranmeldung an dieser Stelle eine Rede oder einen Vortrag zu jedem beliebigen Thema halten. Diese Tradition wird heute noch in London geschätzt und der Speakers' Corner ist weiterhin ein beliebter Versammlungsplatz. Oft geht es um alternative oder innovative Themen und es werden persönliche Gedanken und Ideen vermittelt. Anhand von Hinweisschildern wird darauf hingewiesen, dass jeder seine Meinung sagen darf, die königliche

Frühling im Hyde Park

Familie und die britische Monarchie jedoch nicht Inhalte eines Vortrags sein dürfen. Manche der regelmäßig dort auftretenden Redner sind ziemlich skurril. Wer originellen Reden lauschen und sich über ungewöhnliche Sachverhalte informieren will, ist hier richtig. An der Speakers' Corner haben in der Vergangenheit auch Berühmtheiten wie George Orwell, Lenin und Karl Marx Reden gehalten. Im Wahlkampf sind an diesem historischen Versammlungsplatz Politiker großer Parteien zu hören. Als beste Zeit für einen Ausflug zur Speakers' Corner gilt der Sonntagnachmittig. Bei schönem Wetter begeistern häufig mehr als 10 Redner ihr Publikum. Nicht selten werden sie dabei durch Nachfragen und Zwischenrufe der Zuhörenden unterbrochen. Bei bekannten Sprechern ist mit größeren

Idyllisches Haus im Zentrum vom Hyde Park

Italienische Gärten im Hyde Park

Menschenmassen zu rechnen. Ein Spaziergang im Hyde Park lohnt sich auf jeden Fall, denn in der großen Parkanlage gibt es zahlreiche Attraktionen. So kann man durch den Park wandern und Fahrradfahren, im Serpentine Lake schwimmen und Boot fahren. Der Serpentine Lake ist ein künstlich angelegter See. Im Boat House können Tret- und Ruderboote gemietet werden. In den Sommermonaten verkehrt eine solarbetriebene Fähre, mit der man über den See fahren kann. Am Seeufer befinden sich ein Café sowie ein Restaurant. Außerdem gibt es im Hyde Park eine Pferdereitbahn und einen Platz zum Bowlen. Der gepflegte grüne Rasen wird zum Entspannen sowie für Picknicks genutzt. Eigentlich handelt es sich bei der riesigen Grünfläche um zwei Parks. Hyde Park und Kensington Gardens sind nur durch den West Carriage Drive voneinander getrennt. Eine beliebte Sehenswürdigkeit ist der Prinzessin-Diana-Gedenkbrunnen. Aus der Princess-Diana-Memorial-Fountain strömt das Wasser mit unterschiedlicher Geschwindigkeit in zwei Richtungen. Damit soll das turbulente Leben der britischen Prinzessin symbolisch dargestellt werden. Am nördlichen Ende des Serpentine-Sees befindet sich der Italienische Garten mit klassischen Skulpturen und vier Springbrunnen, die symmetrisch um einen Marmorbrunnen angeordnet sind. Die Italian Gardens gelten als Ort der Ruhe und Entspannung. Beliebt ist auch die Peter-Pan-Statue, die unweit des Seeufers steht. Man sieht Peter Pan umgeben von guten Feen, Eichhörnchen, Kaninchen und Mäusen. Weitere Sehenswürdigkeiten im Park sind das Albert Memorial, der Marmorbogen (Marble Arch), die Achilles Statue sowie die Kunstgalerien Serpentine Gallery und Serpentine Sackler Gallery.

Gut zu wissen

Der Hyde Park ist das ganze Jahr über für die Öffentlichkeit zugänglich. Geöffnet ist der 142 Hektar große Park täglich jeweils von 5 Uhr morgens bis Mitternacht. Mit öffentlichen Verkehrsmitteln ist der Park am besten erreichbar. Für PKWs stehen nur begrenzt Parkplätze zur Verfügung.

Wie kommt man hin?

In der Nähe gelegene U-Bahn-Stationen sind:

- *Hyde Park Corner*
- *Lancaster Gate*
- *Marble Arch*
- *Knightsbridge*

Die königliche Residenz

KENSINGTON PALACE BESUCHEN

Der Kensington Palace ist einer der bekanntesten royalen Paläste in London. Im Unterschied zu anderen Schlössern wird dieses Anwesen von Mitgliedern der königlichen Familie bewohnt.

Das Königsschloss hat daher für das britische Königshaus eine besondere Bedeutung und ist zudem eine der beliebtesten Sehenswürdigkeiten der britischen Hauptstadt. Der Palast, der früher als Nottingham House bekannt war, wurde im Jahr 1689 von König William III. und Königin Mary II. erworben. Mit der Umgestaltung als Wohnsitz beauftragte man den britischen Architekten Sir Christopher Wren. Daraufhin wurde die Residenz um einen dreistöckigen Pavillon an jeder Ecke des Palastes erweitert. Außerdem änderte Wren die Ausrichtung des Bauwerks nach Westen. Damit das Schloss ein wohnliches Aussehen bekam, wurden ein Torbogen sowie ein Uhrenturm hinzugefügt. Für das politische und gesellschaftliche Leben Englands gewann das Anwesen zunehmend an Bedeutung. Der Kensington Palast war während der Regierungszeit der Monarchen George I. und George II. mit exklusiven Prunkgemächern ausgestattet und verfügte über eine wertvolle Gemälde- und Möbelsammlung. Der Palast von Kensington ist seit 1619 ein Teil des königlichen britischen Erbes. In diesem Königsschloss wuchs die beliebte Queen Victoria auf. Auch König Charles III. lebte mit seiner damaligen Frau Prinzessin Diana einige Jahre in diesem Palast. Derzeit ist der Kensington Palace die offizielle Residenz von William, dem Prinzen von Wales und seiner Ehefrau Prinzessin Catherine. Teile des Palastes sind für die Öffentlichkeit zugänglich. Bei einem Rundgang sieht man einige Palasträume, darunter die Staatsgemächer früherer Herrscher. Die Prunkräume des Palastes werden von einer unabhängigen Wohltätigkeitsorganisation verwaltet, während für die Verwaltung der Wohnungen britischer Royals, die nicht besichtigt werden können, das Königshaus zuständig ist. Um alle öffentlich zugänglichen Räumlichkeiten zu sehen, sollten mindestens 3 bis 4 Stunden eingeplant werden.

Wichtig zu wissen

Für Besichtigungen geöffnet ist der Kensington Palace jeweils von Mittwoch bis Sonntag von 10.00 bis 18.00 Uhr. Montags und dienstags ist der Palast geschlossen. Da die Öffnungszeiten wegen aktueller Anlässe variieren können, ist es ratsam, sich zuvor auf der Website nochmals zu informieren (www.hrp.org.uk).

Wie kommt man hin?

In der Nähe gelegene U-Bahn-Stationen sind:

- *High Street Kensington*
- *Notting Hill Gate*

Mit der U-Bahn fährt man bis zur High Street Kensington Station oder Notting Hill Gate und läuft dann wenige Minuten bis zum Palasteingang.

#49

4h

DIE GESCHICHTE DES ENGLISCHEN
Fußballs hautnah erleben im Wembley-Stadion

Für die Fußball-Welt besitzt das Wembley-Stadion im Londoner Stadtteil Brent eine herausragende Bedeutung. Das Fußballstadion ist wegen der dort ausgetragenen Weltklasse-Spiele und Meisterschaften weltweit bekannt.

Die neue Sportarena wurde in den Jahren zwischen 2003 und 2007 erbaut, nachdem man das alte Wembley-Stadion abgerissen hat. Das moderne Stadion bietet 90.000 Zuschauern Platz, verfügt über ein schließbares Dach sowie einen 133 Meter hohen Bogen. Das größte Fußballstadion Großbritanniens ist gleichzeitig die zweitgrößte Fußballarena Europas (nach Camp Nou, Barcelona/Spanien). Die Heimstätte der Three Lions, der englischen Nationalmannschaft, ist nicht nur Austragungsort nationaler und internationaler Fußballbegegnungen, sondern auch von Veranstaltungen und Konzerten. So fanden bereits im alten

Wembley-Stadion Events wie Live Aid mit berühmten Musikgrößen wie Madonna, Queen, Tina Turner und David Bowie statt. Seit der Eröffnung des neuen Fußballstadions traten dort bereits Prominente wie die Band Oasis, George Michael und Ed Sheeran auf.

Bei einer Wembley Stadion Tour können das Fußballstadion sowie dessen Einrichtungen besichtigt werden. Die geführte Stadionbesichtigung dauert circa 75 Minuten und wird von einem erfahrenen Guide begleitet. Der Blick hinter die Kulissen bietet interessante und spannende Eindrücke vom Fußballgeschehen. Man sieht die Umkleidekabinen des englischen Nationalteams, kann Fotos machen und läuft durch den Spielertunnel. Während des Rundgangs wird ein Film gezeigt, in dem die Nationalspieler Englands beim Einmarsch ins Stadion zu sehen sind. Auf dem Besichtigungsprogramm steht auch die königliche Loge, wo man sich mit dem FA-Pokal fotografieren lassen kann und die sonst ausschließlich dem König und anderen Mitgliedern des englischen Königshauses vorbehalten ist. Außerdem kann man sich die Sprecherkabinen der Journalisten und die Spielerplattform, wo die gewonnenen Preise entgegengenommen werden, anschauen. Im Konferenzraum des Wembley-Stadions bekommt man den Trainerstuhl von Roy Hodgson sowie einige Artefakte von den Olympischen Spielen 1948 und vom Endspiel der Fußball-WM 1966 zu sehen. Die Ausstellung der Sieger präsentiert die Fußballgeschichte Englands inklusive der Europapokalendspiele sowie der Endspiele der UEFA-Champions-League.

Wichtig zu wissen

Wembley Stadion Touren finden mehrmals täglich zwischen 10 und 15 Uhr jeweils zur vollen Stunde statt. An Spieltagen, 1 bis 2 Tage vorher sowie an einigen Feiertagen sind keine Besichtigungen vor Ort möglich.

Wie kommt man hin?

In der Nähe gelegene U-Bahn-Station:

Wembley Park

Das Gelände ist mit dem Mietauto gut zu erreichen. Gebührenpflichtige Parkmöglichkeiten sind vorhanden. Mit der U-Bahn erreicht man das Wembley-Stadion mit der Metropolitan Line und der Jubilee Line. Von der Haltestelle Wembley Park sind es etwa 10 Minuten zu Fuß bis zum Fußballstadion.

#50

4h

EIN ERLEBNIS FÜR DIE GANZE FAMILIE

Der Londoner Zoo

Der Londoner Zoo war weltweit der erste zoologische Garten, der diese Bezeichnung führen durfte und sich als Zoo mit wissenschaftlicher Ausrichtung qualifizierte.

Heute beherbergt der London Zoo rund 25.000 Tiere aus aller Welt, die 554 Tierarten zuzuordnen sind. Außerdem gibt es zwei Ameisenkolonien. Der Zoo von London befindet sich am nördlichen Ende des Regent's Parks. Das riesige Areal umfasst eine Gesamtfläche von 90 Hektar. Betreibergesellschaft ist die Zoological Society of London, die auch für den Whipsnade Zoo in Bedfordshire, wo die Nashörner und Elefanten untergebracht sind, verantwortlich ist. Ursprünglich war der 1828 eröffnete zoologische Garten als Sammlung von Tieren für wissenschaftliche Zwecke und Studien gedacht und daher ausschließlich Mitgliedern der Zoologischen Gesellschaft vorbehalten. Die Öffentlichkeit konnte erst 1847 die ersten Ausflüge in den London Zoo unternehmen. Das erste

Ein Kaiserschnurrbart Tamarin im Londoner Zoo

Reptilienhaus wurde im Jahr 1849 eröffnet, während die ersten Fische und Meerestiere ihr Aquarium 1853 bezogen. Im Jahr 1881 vervollständigte das erste Insektenhaus die Einrichtungen des Londoner Zoos und 1938 kam speziell für Kinder ein Kinderzoo hinzu. Die Gestaltung des Zoos und dessen Gebäude wurden von führenden internationalen Architekten übernommen. Im Bereich von Central London ist der London Zoo eine der beliebtesten Attraktionen und als halb- oder ganztägiges Ausflugsziel für die ganze Familie geeignet. Man kann bei Fütterungszeiten dabei sein und den Tieren sehr nahekommen.

Im Rahmen einer grundlegenden Modernisierung wurde der Zoo von London umgestaltet und modernisiert. Man hat zahlreiche enge Käfige abgebaut und für die tierischen Bewohner eine naturähnliche Umgebung geschaffen. Außerdem wurde der Zoo in mehrere Themenbereiche eingeteilt. So gibt es das 6.000 Quadratmeter große Königreich der Gorillas, in dem Riesen-Gorillas leben sowie ein großes Areal für die Komodo-Warane. Beim Rundgang durch den Londoner Zoo sind ein riesiges Vogelhaus mit zahlreichen exotischen Vogelarten, ein tropischer Regenwald und eine Landschaft, die dem australischen Outback gleicht, zu sehen. Zu den Haupt-Attraktionen zählt das Land der Löwen mit 3 Routen, die sich durch den 2.500 Quadratmeter großen Bereich schlängeln. Großer Beliebtheit erfreut sich das Reptilienhaus, in dem Frösche, Kröten, Eidechsen, Schlangen und Krokodile leben. Vor einigen Jahren wurde ein großes Gebäude für Pinguine errichtet. Für Begeisterung sorgt das

Giraffe im Londoner Zoo

Schmetterling-Paradies, wo man kleine und große Exemplare dieser Gattung zu sehen bekommt. Im London Zoo spielt eine Szene aus dem Harry-Potter-Film, in dem Harry Potter seinen Cousin Dudley in ein Vivarium befördert. Eine Informationstafel befindet sich an der Stelle, an der die Sequenz gedreht wurde. Der London Zoo ist kaum mit einem Zoo im herkömmlichen Sinn vergleichbar. Es ist eine abwechslungsreiche Erlebniswelt, in der Tiere die Hauptrolle spielen. Um gefährdete Tierarten vor dem Aussterben zu schützen, nimmt der Zoo von London an einem speziellen Artenforschungs- und Erhaltungsprogramm teil. Mittlerweile sind bereits mehr als 100 gefährdete Arten dort beheimatet. Im London Zoo kann man einen unterhaltsamen Tag verbringen. Drei Restaurants bieten Getränke und Mahlzeiten an. Es gibt einen nur für Zoobesucher zugänglichen Souvenirladen mit Produkten rund um das Thema Tiere. Kinderwagen sind auf dem Gelände erlaubt und können dort auch gemietet werden.

Gut zu wissen

Der Zoo von London ist ganzjährig geöffnet. Öffnungszeiten und Ticketpreise variieren je nach Saison und Wochentag (circa 30-35 Euro pro Person). Meist ist der Zoo zwischen 10.00 und 17.00 Uhr für Besucher zugänglich, in den Sommermonaten auch länger. Wegen der großen Beliebtheit ist mitunter mit längeren Wartezeiten am Eingang zu rechnen. Eine Möglichkeit, Warteschlangen zu umgehen, sind die „Fast Track Tickets". Um diesen schnellen Weg zu nutzen, muss die Eintrittskarte vorher zu einem etwas höheren Preis erworben werden (mehr Infos auf www.londonzoo.org).

Wie kommt man hin?

In der Nähe gelegene U-Bahn-Stationen und Buslinien sind:

- *Camden Town*
- *Chalk Farm*
- *Regent's Park*

88 und 274

DESIGN UND KUNST IM
Victoria and Albert Museum bestaunen

Das Victoria and Albert Museum ist eines der bekanntesten und sehenswertesten Museen Londons. Das in Kensington, West London befindliche historische Bauwerk beherbergt die größte Sammlung von Kunstgewerbe und Design der Welt.

Ursprünglich wurde das Museum im Jahr 1852 als South Kensington Museum gegründet. Mittlerweile bildet das Victoria and Albert Museum gemeinsam mit dem in der Nähe gelegenen Natural History Museum, dem Science Museum sowie einigen weiteren Museen das Londoner Museum Quarter. Die ständige Sammlung des Museums umfasst mehr als 2,3 Millionen Objekte. Es gibt verschiedene Themenbereiche, in denen Malerei, Bildhauerei, Architektur und Keramik sowie Textilien, Mode und Schmuck aus der ganzen Welt gezeigt werden. Die beiden besonderen Highlights sind das Zentrum für Fotografie und die Gusshöfe.

Ebenfalls zu sehen sind sieben maßstabsgetreue Wandteppichentwürfe, die für die Sixtinische Kapelle in Rom angefertigt wurde. Die Raphael Cartoons gehörten früher zur British Royal Collection, bevor sie im Jahr 1865 an das Victoria and Albert Museum ausgeliehen wurden.

Im Museum finden regelmäßig spektakuläre Wechselausstellungen statt, die bei der Öffentlichkeit für große Aufmerksamkeit sorgen. In der Vergangenheit wurden Ausstellungen über den Modeschöpfer Christian Dior, den britischen Modefotografen Tim Walker sowie Alices Abenteuer im Wunderland im Victoria and Albert Museum gezeigt. Um sich die riesige Sammlung interessanter Ausstellungsstücke anzuschauen, sollte ausreichend Zeit eingeplant werden. Im Victoria and Albert Museum kann man sogar einen ganzen Tag verbringen. Der Eintritt ist kostenlos. Lediglich für einige der temporären Ausstellungen und Veranstaltungen wird eine Gebühr erhoben. 2011 wurde das berühmte Museum aufwendig renoviert und umgestaltet. Unter anderem wurde ein neuer Eingangsbereich geplant, der 2017 fertiggestellt wurde. Die Blavatnik-Eingangshalle ist nach dem Sponsor Leonard Blavatnik, einem US-amerikanisch-britischen Unternehmer, Investor und Philanthropen, benannt. Während der Renovierung wurde die Sichtmauer um eine Heizkesselanlage abgetragen. Seitdem sind die dahinter befindlichen Kolonnaden zu sehen. Auch der Hof wurde neugestaltet. Den Boden hat man mit handgefertigten Porzellan-Fliesen verschönert. So entstand der Sackler Courtyard als repräsentativer Vorplatz. In einem Pavillon im Außenbereich sind der Museumsshop sowie ein Café untergebracht. Der Haupteingang musste deshalb verlegt werden und befindet sich nun an der Exhibition Road.

Wichtig zu wissen

Das Victoria and Albert Museum befindet sich im Stadtviertel South Kensington. Die Öffnungszeiten sind täglich von 10.00 bis 17.45 Uhr, ausser freitags, da ist bis 22.00 Uhr geöffnet. Ein Museumsbesuch ist kostenfrei, Eintrittsgebühren werden nur für Sonderausstellungen oder Veranstaltungen erhoben. In diesem Fall müssen die Eintrittskarten im Voraus reserviert werden (Preise variieren je nach Veranstaltung). Eintrittskarten sind am Ticketschalter des Museums oder online buchbar (www.vam.ac.uk).

Wie kommt man hin?

In der Nähe gelegene U-Bahn-Stationen sind:

- *South Kensington*
- *Gloucester Road*

#52

8h

Die Schauplätze der Harry Potter **ABENTEUER KENNENLERNEN**

Mit ihrer Kinder- und Jugendromanreihe „Harry Potter" wurde die britische Schriftstellerin Joanne K. Rowling weltweit bekannt.

Der Hauptfigur Harry Potter, welcher im Fantasyroman als Schüler des englischen Zauberer-Internats Hogwarts zahlreiche spannende Abenteuer bestehen muss, ist inzwischen eine begehbare Ausstellung gewidmet. Die Präsentation „The Making of Harry Potter" befindet sich in den Warner Brothers Studios und kann bei einer organisierten Besichtigungstour erkundet werden. Zu sehen sind die Kulissen der Harry Potter Filme, Requisiten und Kostüme. Die Filmstudios sind in Leavesden, circa 32 Kilometer nordwestlich der britischen Hauptstadt. Mehr als zehn Jahre war das Gebiet, das zur Stadt

Watford gehört, Drehort der Harry Potter Filmreihe. Die Filmlandschaft umfasst zwei Studios sowie ein größeres Studiogelände. Der Eingang führt durch die „Große Halle", die als Filmkulisse für einige der wichtigsten Szenen, wie die Schlacht von Hogwarts oder den Weihnachtsball diente. In der spektakulären riesigen Halle befinden sich zwei große, für das Abendessen gedeckte Tische sowie der Lehrertisch, an dem in den Harry Potter Filmen die Hogwarts-Professoren saßen. Außerdem beherbergt die Große Halle einige handgefertigte Requisiten, beispielsweise den Hauspunktezähler und Professor Dumbledores Rednerpult. Ebenfalls zu sehen ist der verbotene Wald, eine Kombination aus Studio und Drehort im Freien. Die speziell für die Dreharbeiten geschaffene Waldlandschaft besteht

Die große Halle aus den Harry Potter Filmen

aus riesigen 19 Bäumen mit einem Durchmesser von jeweils über 12 Fuß (3,66 Meter).

Während des Rundgangs spaziert man durch verschiedene Kulissen der Harry Potter Filme und bekommt den Hogwarts-Express zu sehen. Mit dieser originalgetreu nachgebauten Eisenbahn wurden in den Harry Potter Filmen die Schüler zur Hogwarts-Schule für Zauberei und Hexerei befördert. Obwohl die meisten Szenen am Londoner King's Cross Bahnhof gedreht wurden, ist die Besichtigung des Zuges in Leavesden ein interessantes Erlebnis. In den Filmstudios sind zudem bekannte Requisiten wie Hagrids Motorrad sowie Harry Potters Nimbus 2000, das als schnellster Besen seiner Zeit bekannte Zauberwerkzeug, zu sehen. In speziellen Abteilungen werden die Tricks der Filmemacher vorgestellt und erklärt. Besichtigt werden auch Filmkulissen wie das Klassenzimmer für Zaubertränke, der Gryffindor Gemeinschaftssaal und das Jungen-Schlafzimmer von Harry Potter. Für Unterhaltung während der Besichtigungstour sorgen einige als freche Wichtel kostümierte Künstler des Studios, deren Mission darin besteht, die Studio-Tour zu einem amüsanten Erlebnis zu machen.

Gut zu wissen

Die Abfahrt der Busse für die Harry Potter Studio-Besichtigung ist an der Victoria Coach Station in der Buckingham Palace Road 164. Da sich die Gate-Nummer spontan ändern kann, empfehlen wir, diese vorab nochmals zu überprüfen (die Nummer hängt von der Abfahrtszeit ab und sollte auf dem Ticket stehen). Die Besuchszeit beträgt circa 4 Stunden. Der gesamte Ausflug dauert inklusive Besichtigung, Hin- und Rückfahrt etwa 8 Stunden. Es gibt verschiedene Ticketmodelle (Einzelticket, Familien- und Gruppenticket). Das Einzelticket kostet ca. 60 Euro. Die verschiedenen Preisoptionen können online angesehen werden auf www.wbstudiotour.co.uk). Außerdem werden vor Ort und online Geschenkgutscheine für Tickets angeboten.

#53

8h

IM HAMPSTEAD HEATH PARK IM Norden von London entspannen

„The Hill Garden and Pergola" im westlichen Teil des Hampstead Heath Park

Mit einer Gesamtfläche von 3,2 km² gehört Hampstead Heath zu den größeren Parks in London. Der Name des Parks geht auf die Heide (Heath) zurück.

In Hampstead Heath gibt es Gebiete mit alten Waldflächen, Hecken, Grasflächen und Sümpfen. Endlos erscheinende Spazierwege führen durch Wälder und zu den 25 größeren Teichen im Hampstead Heath Park. An einigen dieser Teiche kann man angeln oder (Spielzeug)-Modellboote über das Wasser gleiten lassen. Eine von vielen Spazierstrecken führt durch einen denkmalgeschützten, beeindruckenden Pergola- und Hügelgarten. Das im Stadtteil Hampstead gelegene Naherholungsgebiet ist sehr beliebt, sodass man vor allem an Wochenenden zahlreiche Menschen dort antrifft. Viele Londoner verbringen ihre Sonntage bei einem gemütlichen Spaziergang durch die Heidelandschaft, gefolgt von einem

Aussicht vom Parliament Hill auf die Londoner Skyline

Picknick auf dem Rasen oder einem Pint in einem der benachbarten Pubs. Als Erholungsgebiet entstand der Hampstead Heath Park bereits vor mehr als 200 Jahren. Der Parkgründung war ein langer Kampf vorausgegangen. Während Londoner Bürger der Großstadt entfliehen und ihre Freizeit in dieser „grünen Lunge" genießen wollten, hatte die Stadtverwaltung andere Pläne. Ab 1850 fanden auf dem Gelände regelmäßig Jahrmärkte von gigantischem Ausmaß statt. Später entwickelte sich Hampstead Heath doch noch zum beliebten Erholungsort. Hampstead Heath sowie das gleichnamige Dorf wurden zum Aufenthaltsort berühmter Künstler und Dichter wie Daniel Defoe, Leigh Hunt und John Constable. Heute kommen die meisten Besucher, um die gesundheitsfördernde Wirkung der Luft zu genießen.

Im Park gedeihen viele Pflanzenarten und es können Tiere in ihrem natürlichen Lebensraum beobachtet werden. Zu den Einrichtungen von Hampstead Heath zählen mehrere Kinderspielplätze, ein unbeheiztes, täglich geöffnetes Freibad, eine Sportstrecke sowie einige Tennisplätze. Außerdem gibt es einen Zoo und ein Schmetterlingshaus, zahlreiche Grünflächen, die gern zum Picknicken oder zum Entspannen genutzt werden und einige Grillplätze. Regelmäßig finden in Hampstead Heath Open-Air-Konzerte statt. Obwohl Hampstead Heath nur circa vier Meilen (circa 6,4 Kilometer) vom Stadtzentrum Londons entfernt ist,

ist es eine ländliche Gegend, die geeignet ist, den Alltagsstress zu vergessen. Inmitten des Parks befindet sich der Parliament Hill. Der Hügel ist einer der höchstgelegenen Punkte Londons und bietet eine tolle Aussicht auf die britische Metropole. Der romantische Panoramablick vor allem in den Abendstunden ist bei Parkbesuchern und Hobbyfotografen beliebt. Ganz in der Nähe des Parliament Hills liegt die Highgate Cemetery. Wegen seiner Lage auf dem Hügel wurde der Highgate-Friedhof seit seiner Gründung im Jahr 1839 zu einem beliebten Ort für Beerdigungen. Auf dem alten überwucherten Friedhof sind heute noch aufwendig gestaltete Grabmäler zu sehen. Außerdem kann man das im Norden des Parks gelegene Kenwood House, ein ehemaliges Herrenhaus aus dem 18. Jahrhundert besuchen. Der Eintritt in die atemberaubenden Innenräume ist kostenfrei. Das Highlight der beeindruckenden Kunstsammlung im Kenwood House ist Rembrandts Gemälde „Selbstbildnis mit zwei Kreisen".

Gut zu wissen

Hampstead Heath ist rund um die Uhr zugänglich.

Wie kommt man hin?

In der Nähe gelegene Bahn- und U-Bahn-Stationen sind:

- *Golders Green*
- *Hampstead*
- *Kentish Town*
- *Hampstead Heath*
- *Gospel Oak*

Die U-Bahn-Stationen Golders Green, Hampstead und Kentish Town ermöglichen den Zugang zu verschiedenen Bereichen des Parks und seiner Erweiterungen. Die oberirdischen Bahnhöfe Hampstead Heath und Gospel Oak sind die zum Parkeingang am günstigsten gelegenen Stationen.

Hampstead Heath Park

#54

8h

DER HAMPTON COURT PALACE

Wo Labyrinthe und königliche Gemächer warten

Am linken Themseufer in Richmond upon Thames im Londoner Süden befindet sich der Hampton Court Palace.

Das Schloss diente von 1528 bis 1737 als Königsresidenz und war auch das Zuhause des für seinen extremen Lebensstil bekannten König Heinrich VIII., der als unberechenbarer Despot galt. Der Palast wurde ursprünglich im Tudorstil erbaut. Ende des 17. Jahrhunderts sowie im Laufe des 18. Jahrhunderts baute man Teile des Schlosses um, sodass diese dem englischen Barock entsprechen. Der Hampton Court Palace ist ein großes Schloss mit wertvoller Innenausstattung und riesiger Gartenanlage. Nachdem König Heinrich VIII. den ziegelroten Palast in den 1520-er Jahren erworben hatte, wurde das Schloss erweitert und ausgebaut. In diesem Schloss residierte zuvor viele Jahre lang Kardinal Wolsey, ein Günstling des Herrschers, der eine wichtige Rolle in der Geschichte des walisischen Adelsgeschlechts der Tudors spielte. Das Besondere am Hampton Court Palace ist die schöne

Gartenanlage mit labyrinthartig angelegten Flächen und dem ersten Heckenlabyrinth Großbritanniens. Zu den am aufwendigsten dekorierten Räumlichkeiten zählt die Chapel Royal, die eine einzigartige Netzgewölbe-Decke aufweist. In der Palastkapelle sind zudem einige berühmte Gemälde wie die Triumphe des Cäsar sowie Werke von Caravaggio und Rembrandt zu sehen. Außerdem beherbergt der Hampton Court Palace die einzige noch erhaltene königliche Schokoladenküche, die im 17. Jahrhundert eröffnet wurde. Für einen Rundgang durch das Schloss sollte man sich viel Zeit nehmen. Zu sehen sind die Staatsgemächer Heinrichs VIII., die große Halle sowie die Königskappelle, in der heute noch regelmäßig Gottesdienste stattfinden. Die Tudor-Küchenräume, wo früher Mahlzeiten für Schlossherren, Gäste und Bedienstete zubereitet wurden, nehmen eine Gesamtfläche von etwa 3.300 Quadratmetern ein und sind somit europaweit die größten ihrer Art. Am 1. Wochenende eines Monats wird in der Küche des Hampton Court Palace ein Schaukochen veranstaltet.

Der Hampton Court Palace

Labyrinth des Hampton Court Palace

Tudor-Köche zeigen, wie früher in der Palastküche mehrgängige Festmenüs für bis zu 600 Personen zubereitet wurden. Besichtigt werden kann auch das Appartement König Wilhelms III. Die Privatgemächer gehören zu den schönsten ausgestatteten Räumlichkeiten. Nachdem ein Teil der Einrichtung durch ein großes Feuer vernichtet wurde, hat man die Gemächer originalgetreu restauriert. Bei einem Schlossrundgang sieht man auch die Staatsgemächer der Königin mit einem mit wertvollen Wand- und Deckengemälden geschmückten Salon, der eine tolle Aussicht auf die Garten- und Parkanlagen bietet. Zur Besichtigung freigegeben sind außerdem die georgianischen Gemächer, die ehemals von Kardinal Wolsey bewohnten Wolsey-Gemächer, die Renaissance-Bildergalerie sowie der Schlossgarten und Park des Hampton Court. Im Außenbereich befinden sich Attraktionen wie das Heckenlabyrinth, der größte Weinstock Europas sowie der Privatgarten des Schlossherrn, wo zahlreiche exotische Pflanzenarten gedeihen. Die Pflanzen in den Gartenanlagen spiegeln die Bepflanzung, die vor mehr 300 Jahren vom Herrscher Wilhelm III. eingeführt wurde, wider. Vom Schlossgarten aus gelangt man zum Banketthaus des Königs an der Themse. Die wunderschönen Gartenanlagen sind geeignet, um lange Spaziergänge zu unternehmen.

Gut zu wissen

Mit dem Nahverkehrszug (Haltestelle: Hampton Court Railway Station) sowie mit dem Bus (Linien 111, 216, 411, R68) ist der Palast gut erreichbar. Ein Ticket (Preis ca. 30 Euro pro Person, alle Informationen auf www.hrp.org.uk) berechtigt zum Eintritt in alle öffentlichen Bereiche des Palastes sowie zum Besuch der Gärten, des Magic Garden (Zaubergarten) und des Labyrinths. Es werden täglich Veranstaltungen wie Entdeckungsrundgänge, Vorträge, historische Darstellungen und im Sommer spezielle Ferienveranstaltungen angeboten. Da die Öffnungszeiten des Hampton Court Palace variieren, empfehlen wir, sich zuvor nochmals auf der Palast-Website zu informieren.

Wie kommt man hin?

In der Nähe gelegene Bahn-Station und Buslinien sind:

Hampton Court Railway Station

111, 216, 411 und R68

#55

8h

DIE KEW GARDENS ENTDECKEN

Der älteste botanische Garten der Welt

Im Londoner Stadtteil Richmond Upon Thames liegen die Kew Gardens, eine riesige, gepflegte Parkanlage, die den ältesten botanischen Garten der Welt beherbergt.

Die Kew Gardens entstanden im 17. Jahrhundert aus einem mit exotischen Pflanzen bewachsenen Lustgarten. Nach einer Erweiterung im Jahr 1840 entwickelte sich die Gartenanlage zu einem reinen botanischen Garten. Es gibt auf dem großen Gelände eine Vielzahl an Gewächshäusern zu sehen, sodass für einen Ausflug zu den Kew Gardens idealerweise ein ganzer Tag eingeplant werden sollte. Die bekanntesten Treibhäuser sind das Temperate House und das Palm House sowie das Princess of Wales Conservatory. Das in den 1840-er Jahren entstandene Palm House beherbergt tropische Pflanzen und Palmen und ein Aquarium mit exotischen Fischen. Mit einer Fläche von rund 5.000

Palmenhaus in den Kew Gardens

Quadratmetern ist das Temperate House das größte der Gewächshäuser. Zu sehen sind seltene Pflanzen aus verschiedenen Regionen. Eine 16 Meter hohe Honigpalme, die als höchste in einem Gewächshaus wachsende Palmenart der Welt gilt, befindet sich ebenfalls im Temperate House.

Im Princess of Wales Conservatory sind Pflanzen und Blumen aus allen zehn Klimazonen zu sehen. Man kann in den Kew Gardens wunderschöne Orchideen, aber auch fleischfressende Pflanzen und die Pflanzenart mit den größten Blüten, den Titanenwurz, bestaunen. Das circa 20 Hektar große Gelände beherbergt eine beeindruckende Sammlung von mehr als 30.000 verschiedenen botanischen Spezies, darunter über 14.000 Baumarten. Zu den Pflanzenarten, die in den Kew Gardens kultiviert werden, zählen auch viele Exoten, die normalerweise nicht auf der nördlichen Erdhalbkugel heimisch sind. Außerdem befindet sich das weltgrößte Herbarium in Kew Gardens. Dort werden circa 7 Millionen getrocknete und gepresste Blätter und Blüten aufbewahrt. Eine umfangreiche Bibliothek mit etwa 750.000 Titeln, 170.000 Drucken und Zeichnungen über Pflanzen- und Botanik-Themen lädt zum Stöbern und Schmökern ein. Eine schöne Sammlung verschiedener Miniatur-Bäume kann man im Bonsai House bewundern. Einige dieser Exemplare sollen über 150 Jahre alt sein. Bei einem Ausflug nach Kew Gardens bietet sich ein Spaziergang zur berühmten Pagode (markantes, mehrgeschossiges, turmartiges Bauwerk) auf dem Parkgelände an. Außerdem kann man bis zum höchsten Punkt des Baumwipfelpfads (Xstrata Treetop Walkway) laufen und von dort aus die riesige Parkanlage aus der Vogelperspektive betrachten.

Gut zu wissen

Die Kew Gardens liegen im Südwesten Londons an der Themse zwischen den Stadtteilen Richmond und Kew. Die Anlage ist ganzjährig geöffnet. Da die Öffnungszeiten abhängig von der Jahreszeit variieren, empfehlen wir, sich vor einem Ausflug nochmals auf der Website der Kew Gardens zu informieren (www.kew.org). Meist sind die Gärten zwischen 10 und 16 Uhr (letzter Einlass: 15 Uhr) für Besucher zugänglich.

Wie kommt man hin?

In der Nähe gelegene Bahn-/U-Bahn-Station und Buslinie sind:

- *Kew Gardens (U-Bahn)*
- *Kew Bridge Station (Bahn)*

- *65*

FEEDBACK

Liebe Leserinnen und Leser,

wir hoffen, dass Sie mit unserem Reiseführer viel Neues entdecken konnten und Sie viel Inspiration sowie Spaß mit unserem erlebnisbasierten Konzept haben. Wir arbeiten hart daran, sicherzustellen, dass unsere Empfehlungen und Informationen stets aktuell und nützlich sind. Dennoch sind wir uns bewusst, dass es immer Raum für Verbesserungen gibt.

Wenn Sie Anregungen, Feedback oder Verbesserungsvorschläge haben, würden wir uns sehr freuen, von Ihnen zu hören. Wir möchten sicherstellen, dass unsere zukünftigen Leserinnen und Leser von Ihren Erfahrungen profitieren können und unser Reiseführer noch besser wird.

Wenn Sie etwas zu sagen haben, können Sie uns gerne über das Kontaktformular auf unserer Verlagsseite kontaktieren:

www.gamikaze.ch

Wir lesen jede Kontaktanfrage und werden unser Bestes tun, um auf Ihre Anregungen und Kommentare zu reagieren.

Wir bedanken uns im Voraus für Ihr Feedback und wünschen Ihnen eine wundervolle Reise.

IMPRESSUM

2. Auflage 2024

Gamikaze Scheidegger
Pascal Scheidegger
Adlerstrasse 1
8600 Dübendorf
Schweiz
Handelsregister: CHE-467.312.860

Die Schweizer Nationalbibliothek verzeichnet diese Publikation in der Schweizer Nationalbibliografie; detaillierte bibliografische Daten sind im Internet über www.helveticat.ch abrufbar.

Umschlaggestaltung und Satz: Gamikaze Scheidegger

Umschlagmotive: gettyimages/©TangMan Photography, Dreamstime/©Juri Samsonov, Depositphotos/©robin_ph, Depositphotos/©kbarzycki, 123rf/©dabldy, 123rf/©gjvs, Wikimedia Commons/©Colin

Icons: Ressourcen von Flaticon.com

Taschenbuch: 978-3-9525596-4-2

info@gamikaze.ch
www.gamikaze.ch

GAMIKAZE

BILDNACHWEIS

Fotos von Depositphotos:
S. 5 Max_776, S. 6 Photocreo, S. 8 fazon1, S. 10 maglara, S. 12 Iakov, S. 13 dutourdumonde, S. 14 olly18, S. 16 vicnt2815, S. 18 Iakov, S. 22 meteor, S. 24 ingus.kruklitis.gmail.com, S. 26 olly18, S. 32 jovannig, S. 33 cowardlion, S. 34 Borna_mir + stefanophotographer, S. 37 izanbar, S. 38 TKKurikawa, S. 40 ventdusud, S. 41 Photocreo, S. 42 samot + TTstudio, S. 44 rabbit75_dep, S. 45 TTstudio, S. 46 rabbit75_dep, S. 48 lofilolo, S. 50 + 51 Photocreo, S. 52 + 53 surangastock, S. 54 + 55 chrisdorney, S. 56 + S. 57 VictorHuang, S. 62 Artlover, S. 68 weissdergeier, S. 70 sbhaumik, S. 71 Rawpixel, S. 72 + 73 SlezakPatrik, S. 74 rabbit75_dep, S. 76 chrisdorney, S. 78 + 79 oscar.porras.info.gmail.com, S. 80 bloodua + richie0703, S. 82 cowardlion, S. 83 claudiodivizia, S. 86 stu99, S. 90 kbarzycki, S. 94 + 95 chrisdorney, S. 96 chrisdorney + claudiodivizia, S. 102 + 103 photoweges, S. 104 cowardlion + lenschanger, S. 106 zacariasdamata, S. 108 stokkete, S. 110 + 111 willbrasil21, S. 112 mychadre77, S. 113 timwege, S. 114 whitelook, S. 115 alessiapenny, S. 116 + 117 ElectricEgg, S. 118 ViktoriaSapata, S. 128 + 129 Leonid_Andronov, S. 130 baldrick69, S. 131 konstantin32, S. 132 imagex, S. 133 dubassy, S. 136 drewrawcliffe, S. 137 Wirestock, S. 138 Jaromatik, S. 139 bloodua, S. 142 Arch88, S. 143 cowardlion, S. 144 Leonid_Andronov + KatSyt@ukr.net, S. 145 debstheleo, S. 146 olivier.guiberteau@gmail.com, S. 153 lkpro, S. 156 stu99, S. 158 VictorHuang, S. 161 lenschanger + mango2friendly, S. 162 redwallsky + mango2friendly, S. 166 lillitve, S. 167 wrangel, S. 168 moussa81, S. 169 VictorHuang, S. 170 Ladiras + alexey.fedoren@gmail.com, S. 171 javiindy, S. 172 + 173 jbyard, S. 174 ingus.kruklitis.gmail.com + irisphoto11, S. 178 zefart, S. 180 diy13@ya.ru, S. 181 EBFoto, S. 182 kmiragaya, S. 183 konstantin32, S. 184 chrisdorney, S. 186 + 187 Oleg.Ermak88, S. 190 + 191 VictorHuang, S. 192 stevenjfrancis, S. 193 elenarostunova, S. 194 + 195 alexey.fedoren@gmail.com, S. 196 omnesolum_sale + alexey.fedoren@gmail.com, S. 198 + 199 YAYImages, S. 200 vitormarigo + rose4, S. 204 TanyaJoy

Fotos von 123rf:
S. 20 hansche, S. 28 max776, S. 30 samot, S. 58 + 59 quixoticsnd, S. 60 imaraccoon, S. 64 flynt, S. 65 s4svisuals, S. 66 + 67 vwalakte, S. 84 + 85 nui7711, S. 100 dabldy, S. 120 max776, S. 124 aweinspiringimages, S. 148 max776, S. 150 gjvs, S. 151 laura.boffardi, S. 152 alexeyfedoren, S. 160 olivierguiberteau, S. 176 kovalenkovpetr, S. 188 manuta

Foto von Dreamstime:
S. 154 Juri Samsonov

Creative Commons (https://en.wikipedia.org/wiki/Creative_Commons):
S. 88 Osama SM Amin FRCP(Glasg), S. 92 MsSaraKelly, S. 98 + 99 Colin, S. 122 Hzh, S. 126 JRennocks, S. 134 +135 Cmglee, S. 140 David Hawgood, S. 164 Sergey Kozak

GNU Free Documentation License (https://en.wikipedia.org/wiki/GNU_Free_Documentation_License):
S. 36 Kaihsu Tai

Printed in Poland
by Amazon Fulfillment
Poland Sp. z o.o., Wrocław

31856352R00118